Michael Debus

Parsifal – Mythos des modernen Menschen

Michael Debus

Parsifal – Mythos des modernen Menschen

Hinführung zu
Richard Wagners Bühnenweihfestspiel

Verlag am Goetheanum

Der Verlag am Goetheanum im Internet: www.goetheanum-verlag.ch

Einbandgestaltung von Wolfram Schildt, Berlin, unter Verwendung eines Bildes von Odilon Redon

2. Auflage 2023

Satz: Höpcke, Hamburg
Druck und Bindung: Majuskel Medienproduktion, Wetzlar

ISBN 978-3-7235-1525-9

Inhaltsverzeichnis

Einleitung

Die Beschäftigung mit dem Gral umfasste nahezu die gesamte Schaffenszeit Richard Wagners. Zwei Werke, *Lohengrin* und *Parsifal*, behandeln unmittelbar dieses Thema und markieren zugleich die Zeit der Auseinandersetzung mit diesem Stoff. Die Komposition des *Lohengrin* vollendete der 35-jährige Wagner. Bei der Uraufführung des *Parsifal* stand Wagner in seinem 70. Lebensjahr, es war sein letztes Bühnenwerk und von ihm empfunden als «die Krone all meines Schaffens». Er wusste, dass er ein Werk geschaffen hatte, das in die Welt der normalen Operntheater nicht passen würde. Wo soll «eine Handlung, in welcher die erhabensten Mysterien des christlichen Glaubens offen in Szene gesetzt sind», heute dargestellt werden? Wo gibt es Bühnen für das Mysteriendrama eines «Bühnenweihfestspiels»?

Die Gralssage ist seit *Chrétien de Troyes* und *Wolfram von Eschenbach* immer wieder bearbeitet und neu gestaltet worden. Wagners *Parsifal* ist aber mehr – er ist nicht die Bearbeitung eines schon vorgegebenen Stoffes, sondern die Neuschöpfung eines Mythos unserer Zeit. Er ahnte etwas von einem künftigen Christentum – «wie die ersten Christen erwarte ich eine Wiederkunft von Christus» –, das von Rudolf Steiner dann im 20. Jahrhundert als gegenwärtig beschrieben worden ist. Der Gralsmythos, wie ihn Richard Wagner gestaltet hat, ist der Ausdruck dieses Christentums unserer Zeit.

Es bedarf vielleicht der Erklärung, wenn über ein Musikdrama geschrieben wird, ohne das Musikalische einzubeziehen, es sich also bestenfalls um die Hälfte eines Ganzen handelt. Das stimmt und es kann nur jedem, der sich mit dem *Parsifal* beschäftigt, anheimgegeben werden, für die notwendige musikalische Ergänzung Sorge zu tragen. Auf der anderen Seite gab es eine bestimmte Phase seiner Beschäftigung mit diesem Stoff, da wollte Wagner selbst es «bei der Dichtung allein bewenden lassen». Die Gestaltung des Mythos war für ihn eine so gewaltige Aufgabe, dass sie zunächst anderes auszuschließen schien.

Die erste sprachliche Gesamt-Form, in die Wagner den Gralsmythos schließlich bringen konnte, ist der Prosaentwurf von 1865, den er auf Bitten Ludwigs II. anfertigte. Er enthält alle Elemente der endgültigen Fassung, darüber hinaus aber noch ausführlichere szenische Erläuterungen und kommentierende Bemerkungen, die manches verständlicher machen und sich in der endgültigen Fassung nicht mehr finden. Er ist im Anhang wiedergegeben.

Die Art der Darstellung in dieser Arbeit führt zu bestimmten thematischen Überschneidungen. Um einer besseren Orientierung willen sind deshalb im Text Hinweise auf andere Kapitel eingefügt, in denen das Thema ebenfalls – vielleicht auch ausführlicher – behandelt wird.

Die Kenntnis des *Parsifal*-Textes ist für diese Schrift, vor allem ab dem 4. Kapitel, sinnvoll und hilfreich. Dafür kommt außer der Dichtung in ihrer endgültigen Fassung gleichermaßen auch der Prosaentwurf von 1865 in Frage. Gegebenenfalls würde die Lektüre also mit dem Anhang am Schluss des Buches beginnen.

I. Das Parzival-Thema in Richard Wagners Schaffen

1.1. *Der Ursprung der Gralslegende*

Der Parzival-Mythos ist wie alle Mythen zeitlos – und doch wird er, wie alle Mythen, immer neu in Raum und Zeit konkret. Als er am Ende des 12. Jahrhunderts zum ersten Mal im allgemeinen Bewusstsein der Christenheit im westlichen Europa auftauchte, war das zugleich die Zeit eines überall aufkommenden Fragens nach der Wirklichkeit des Abendmahls. So fallen in diese Zeit die *Dogmatisierung der Transsubstantiationslehre* (1215 auf dem IV. Laterankonzil), die *Entstehung des Fronleichnamsfestes* (1264 von Papst Urban IV. zum Fest der Gesamtkirche erhoben) wie auch die allmähliche *Verdrängung der Kelchkommunion für Laien*, die nur noch den Priestern vorbehalten sein sollte (relativ spät, 1415 auf dem Konzil von Konstanz, fand dieser Prozess dann seinen Abschluss im definitiven Verbot des «Laienkelchs»). Dabei ging es, aus durchaus verschiedenen Perspektiven, doch letztlich immer um die eine Frage nach der substanzhaften Gegenwart Christi im Abendmahl mit besonderer Betonung der *leiblichen* Gegenwart im Brot. Man könnte sagen, in dieser Entwicklung lag auch eine gewisse Tendenz zur Vermaterialisierung des mit der Kirche verbundenen Abendmahlsgedankens.

Wie polar zu dieser Entwicklung tauchte in dieser Zeit

der Grals-Impuls in seiner christlichen Ausgestaltung auf, in dem ganz unabhängig und außerhalb der Kirche ein Abendmahlsgedanke lebte, der sich ganz auf das Bluts-Mysterium Christi bezog: der Gral ist das kostbare Gefäß[1], aus dem Jesus beim letzten Abendmahl trank und das dann bei seiner Kreuzigung dazu diente, sein Blut aus den Wunden aufzufangen, im Besonderen das Blut aus der Seitenwunde, die vom Speer des römischen Soldaten geschlagen wurde: «Als sie aber zu Jesus kamen und sahen, dass er schon gestorben war, brachen sie ihm die Beine nicht; sondern einer der Soldaten stieß mit der Lanze in seine Seite, und sogleich floss Blut und Wasser heraus. Das hat der, der es sah, selber bezeugt, und sein Zeugnis ist wahr. Und er weiß, dass er die Wahrheit spricht, damit auch ihr den Weg des Glaubens findet.»[2] Nach mittelalterlicher Überlieferung wurde dieser Kelch von Joseph von Arimathia zuletzt nach Westeuropa gebracht.

Die älteste bekannte Gralserzählung stammt von *Chrétien de Troyes*. Sie ist unvollendet und zwischen 1179 und 1191 abgefasst. Bei Chrétien ist der Gral eine mit kostbaren Edelsteinen verzierte Goldschale, in der dem Vater des leidenden Gralskönigs (dem *Roi Pêcheur*, *Fischerkönig*) in feierlicher Prozession eine geweihte Hostie gebracht wird als seiner einzigen Nahrung. *Perceval* soll den gelähmten Gralskönig durch die Frage nach seinem Leiden erlösen. Aus Unkenntnis und Zurückhaltung unterlässt er es, die Frage zu stellen. Die Erzählung bricht ab, bevor der Fischerkönig erlöst wird.

---

1 In der keltischen Version ist der Gral der «Kessel» der Wiedergeburt, in den orientalischen Versionen ein kostbarer Stein, die Kaaba (in Mekka) oder die jüdische Bundeslade.

2 Johannes 19:33–35.

Die Herkunft und Bedeutung des Grals, die bei Chrétien dunkel bleibt, hat erstmals *Robert de Boron* als Abendmahlskelch beschrieben mit Joseph von Arimathia als dem Grals-Überbringer. Wann Robert de Boron seinen *Roman de l'estoire dou Graal* niederschrieb, ist nicht bekannt. Man vermutet, dass er ihn annähernd gleichzeitig mit Chrétien de Troyes verfasste.

Etwa zwischen 1200 und 1210 kommt das Grals-Thema durch *Wolfram von Eschenbach* in die deutschsprachige Literatur. Er kennt die Gralserzählung von *Chrétien de Troyes*, geht aber inhaltlich weit über ihn hinaus. Seine Quellen für diese Erweiterung des Erzählstoffes bleiben, obwohl er Namen nennt, großenteils verborgen. Auch bei ihm steht die Frage, die *Parzival* dem Fischerkönig Anfortas für dessen Heilung stellen soll, im Mittelpunkt. Aber der Gral ist bei ihm nicht wie bei Chrétien ein Gefäß, sondern ein kostbarer Stein (*lapis exillis*), der den Ungetauften unsichtbar ist, den Gralsrittern aber Speise und Trank spendet und durch seinen Anblick eine Woche vor Tod und vor Alter schützt. Seine Kräfte verdankt er der Hostie, die eine Taube jährlich am Karfreitag vom Himmel bringt. Auf dem Stein erscheinen die Namen der zum Gral Berufenen.

1.2. Die Gralserzählung in der Biographie Richard Wagners[3]

Die erste Begegnung mit Wolframs Parzival-Epos hatte Wagner als 32-Jähriger während eines Kuraufenthaltes im böh-

---

3 * 22. Mai 1813 in Leipzig – † 13. Februar 1883 in Venedig.

mischen Marienbad im Juli 1845. Die greifbare Frucht der Beschäftigung mit Wolfram war aber nicht Parzival, sondern zunächst *Lohengrin*, der Schwanenritter und Sohn Parzivals. In seiner Autobiographie schreibt er: «Mit dem Buche unter dem Arm vergrub ich mich in die nahen Waldungen, um am Bache gelagert mit *Titurel* und *Parzival* in dem fremdartigen und doch so innig traulichen Gedichte *Wolframs* mich zu unterhalten. Bald regte aber die Sehnsucht nach eigener Gestaltung des von mir Erschauten sich so stark, dass ich, vor jeder aufregenden Arbeit während des Genusses des Marienbader Brunnens gewarnt, Mühe hatte, meinen Drang zu bekämpfen. Hieraus erwuchs mir eine bald beängstigend sich steigernde Aufregung: der ‹*Lohengrin*›, dessen allererste Konzeption schon in meine letzte Pariser Zeit fällt, stand plötzlich vollkommen gerüstet mit größter Ausführlichkeit der dramatischen Gestaltung des ganzen Stoffes vor mir. Namentlich gewann die an ihm so bedeutungsvoll haftende Schwanensage durch alle um jene Zeit vermöge meiner Studien mir bekannt gewordenen Züge dieses Mythenkomplexes einen übermäßigen Reiz für meine Phantasie.»[4] Drei Jahre später, im März 1848, war die Partitur des Musikdramas vollendet. Doch für Wagner kommen nun schwere Zeiten, da er – der «Königlich-Sächsische Hofkapellmeister» in Dresden – sich an den revolutionären Ereignissen von 1848/49 aktiv beteiligte. 1849 muss er, steckbrieflich verfolgt, ins Exil fliehen, das elf Jahre währen sollte. *Lohengrin* aber erfuhr schon ein Jahr später, in Wagners Abwesenheit, in Weimar seine Uraufführung. Erst nach weiteren zehn langen Jahren konnte auch er, nach Amnestie und Rückkehr, seinen *Lohengrin* in Wien

---

4 R. Wagner, *Mein Leben*, Zweiter Teil. 1842–1850.

zum ersten Mal sehen – stürmisch von den Menschen gefeiert.

Dagegen führte die Marienbader Begegnung mit Wolframs Parzival bei ihm erst einmal zu einem Prozess, der noch in den seelischen Untergründen bleiben musste. Nach seiner Flucht im Mai 1849 lebte er in Zürich und lernte dort das Ehepaar Mathilde und Otto Wesendonck kennen, die für ihn und seine Frau Minna 1857 neben ihrer Villa ein kleines Landhaus einrichteten («Asyl am grünen Hügel»), in dem er endlich ungestört leben und arbeiten konnte. Am 28. April zog er ein. In dieser Zeit – am Karfreitag, wie er schreibt – war es, dass er ein besonderes Erlebnis hatte, in welchem nach zwölf Jahren der untergründig in ihm weiter lebende Parzival wieder an die seelische Oberfläche kam: «Nun brach auch schönes Frühlingswetter herein; am Karfreitage erwachte ich zum ersten Male in diesem Hause bei vollem Sonnenschein: das Gärtchen war ergrünt, die Vogel sangen, und endlich konnte ich mich auf die Zinne des Häuschens setzen, um der langersehnten verheißungsvollen Stille mich zu erfreuen. Hiervon erfüllt, sagte ich mir plötzlich, dass heute ja ‹Karfreitag› sei, und entsann mich, wie bedeutungsvoll diese Mahnung mir schon einmal in *Wolframs Parzival* aufgefallen war. Seit jenem Aufenthalte in Marienbad, wo ich die ‹*Meistersinger*› und ‹*Lohengrin*› konzipierte, hatte ich mich nie wieder mit jenem Gedichte beschäftigt; jetzt trat sein idealer Gehalt in überwältigender Form an mich heran, und von dem Karfreitags-Gedanken aus konzipierte ich schnell ein ganzes Drama, welches ich, in drei Akte geteilt, sofort mit wenigen Zügen flüchtig skizzierte.»[5] Das ist der Geburtsau-

5 R. Wagner, *Mein Leben*, Dritter Teil. 1850–1861.

genblick: Vom «Karfreitags-Gedanken» aus wird an diesem Tag «schnell» das ganze Drama konzipiert! Vielleicht ist diese Darstellung in Bezug auf die äußeren Daten eine nachträgliche Idealisierung (Karfreitag fiel in diesem Jahr auf den 10. April, lag also *vor* dem eigentlichen Einzugstermin am 28. April), an der inneren Stimmigkeit braucht man deshalb nicht zu zweifeln. Wagners «Karfreitags-Erlebnis» 1857 wird über 20 Jahre später zum dramatischen und musikalischen Kernstück im 3. Akt des *Parsifal*.

Vom «schnell konzipierten» und «flüchtig skizzierten» Drama in drei Akten gibt es kein schriftliches Zeugnis. Aber von nun an setzt sich Wagner sehr bewusst mit dem Parzival-Mythos auseinander. Davon gibt es ein eindrucksvolles Zeugnis. Am 30. Mai 1859 schreibt er an Mathilde Wesendonck über seine inzwischen deutliche Konturen tragende Parzival-Konzeption. Das Ergebnis dieser jüngsten Beschäftigung mit dem Stoff führte ihn aber zu dem vernichtenden Urteil, dass alles, wenn es so gestaltet würde, wie es ihm vor Augen stehe, viel zu kompliziert sei und über seine jetzigen Möglichkeiten ginge. Andere sollten die Aufgabe übernehmen! Es ist die Absage an eine weitere Beschäftigung mit dem Thema: «Ich muss Alles in drei Hauptsituationen von drastischem Gehalt so zusammendrängen, dass doch der tiefe und verzweigte Inhalt klar und deutlich hervortritt; denn so zu wirken und darzustellen, das ist nun einmal meine Kunst. Und – solch eine Arbeit sollte ich mir noch vornehmen? Gott soll mich bewahren! Heute nehme ich Abschied von diesem unsinnigen Vorhaben; das mag Geibel machen und Liszt mag's komponieren!»

Es gibt kein Libretto von Geibel und Liszt hat nicht komponiert. Die Parzival-Aufgabe blieb mit Wagner verbunden als dessen ureigenste Sache. Ein Jahr später schrieb er aus Paris[6] in ganz anderem Ton: «Viel ist wieder der Parzival in mir wach gewesen; ich sehe immer mehr und heller darin; wenn Alles einmal ganz reif in mir ist, muss die Ausführung dieser Dichtung ein unerhörter Genuss für mich werden. Aber da können noch gute Jahre darüber hin gehen!» Eine ganz eigene und neue Konzeption seiner Kundry begeistert ihn:

«Sagte ich Ihnen schon einmal, dass die fabelhaft wilde Gralsbotin ein und dasselbe Wesen mit dem verführerischen Weibe des zweiten Aktes sein soll? Seitdem mir dies aufgegangen, ist mir fast alles an diesem Stoffe klar geworden. Dies wunderbar grauenhafte Geschöpf, welches den Gralsrittern mit unermüdlichem Eifer sklavenhaft dient, die unerhörtesten Aufträge vollzieht, in einem Winkel liegt, und nur harrt, bis sie etwas Ungemeines, Mühevolles zu verrichten hat, – verschwindet zu Zeiten ganz, man weiß nicht wie und wohin? – Dann plötzlich trifft man sie einmal wieder, furchtbar erschöpft, elend, bleich und grauenhaft: aber von Neuem unermüdlich, wie eine Hündin dem heiligen Grale dienend, vor dessen Rittern sie eine heimliche Verachtung blicken lässt: ihr Auge scheint immer den rechten zu suchen, – sie täuschte sich schon – fand ihn aber nicht. Aber was sie sucht, das weiß sie eben nicht: es ist nur Instinkt. – Als Parzival, der Dumme, ins Land kommt, kann sie den Blick nicht von ihm abwenden: wunderbares muss in ihr vorgehen; sie weiß es nicht, aber sie heftet sich an ihn. Ihm graust es – aber auch ihn zieht es an: er versteht nichts. (Hier heißt's – Dichter, schaffe!) Nur die Ausführung kann hier sprechen! – Doch lassen Sie sich andeuten, und hören Sie so zu, wie Brünnhilde dem Wotan

6 An Mathilde Wesendonck am 10. August 1860.

zuhörte. – Dieses Weib ist in einer unsäglichen Unruhe und Erregung: der alte Knappe [Gurnemanz] hat das früher an ihr bemerkt zu Zeiten, ehe sie kurz darauf verschwand. Diesmal ist ihr Zustand auf das höchste gespannt. Was geht in ihr vor? Hat sie Grauen vor einer abermaligen Flucht, möchte sie ihr enthoben sein? Hofft sie – ganz enden zu können? Was hofft sie von Parzival? Offenbar heftet sie einen unerhörten Anspruch an ihn? – Aber alles ist dunkel und finster: kein Wissen, nur Drang, Dämmern? – In einem Winkel gekauert wohnt sie der qualvollen Szene des Anfortas bei[7]: sie blickt mit wunderbarem Forschen (sphinxartig) auf Parzival. Der – ist auch dumm, begreift nichts, staunt – schweigt. Er wird hinausgestoßen. Die Gralsbotin sinkt kreischend zusammen; dann ist sie verschwunden. (Sie muss wieder wandern.) Nun raten Sie, wer das wunderbar zauberische Weib ist, die Parzival in dem seltsamen Schlosse findet, wohin sein ritterlicher Mut ihn führt? Raten Sie, was da vorgeht, und wie da Alles wird. Heute sage ich Ihnen nicht mehr!»

---

7 Dass Kundry schon beim ersten Mal, als Parzival auf der Gralsburg erscheint, mit ihm zugleich beim Mahl-Mysterium anwesend ist und Zeugin von Parzivals Verhalten wird, hat Wagner bereits vier Jahre später im Prosaentwurf für Ludwig II. geändert. In der Niederschrift vom 28. August 1865 heißt es von Kundry, bevor Parzival auf die Gralsburg geleitet wird: «Sie schleppt sich unbemerkt in den Wald fort.» Darin drückt sich die ganz andere Konzeption der Kundry bei Wagner gegenüber der Cundrie bei Wolfram von Eschenbach aus. Letztere verflucht Parzival wegen seines Versagens auf der Gralsburg, was bei ihm die Absage an Gott auslöst. Bei Wagner gibt es zwischen Kundry und dem Verhalten von Parzival auf der Gralsburg keinen für die Handlung relevanten Bezug.

Die bewusste, aber – bei allen Aufgaben und existentiellen Herausforderungen, die Wagner zu bewältigen hatte – ganz im Hintergrund verlaufende Arbeit am Parzival-Thema hatte längst unaufhaltsam begonnen, trotz seiner «Absage» im Vorjahr. Und als Parzival acht Jahre nach dem Karfreitags-Erlebnis im «Asyl am grünen Hügel» aus dem Hintergrund hervortrat und erkennbar auf Wagners biographischer Bühne erschien, verließ er diese Bühne von nun an nicht mehr. Er hatte inzwischen seine bleibende Gestalt gewonnen und zugleich hatten sich auch die Lebensverhältnisse seines Schöpfers grundlegend verändert.

Wagner war 52 Jahre alt und hatte es bewältigt, in einem bürgerlichen Jahrhundert eine höchst unbürgerliche Biographie zu führen, ein Leben in Widersprüchen. Er wollte die Kunst befreien aus den Händen derer, die nur billige «Amüsements» suchen und die über das Geld herrschen – aber die Kunst, die er schuf, und der Künstler, der sie schuf, waren darauf angewiesen, genau von diesen Menschen gewollt und unterstützt zu werden. Er wurde berühmt und verkehrte in höchsten Kreisen – und war zugleich fast ständig von finanziellen Sorgen geplagt und mehr oder weniger auf der Flucht vor den Verhältnissen, den objektiven und den persönlichen. Es gab kaum einen Ort, an dem er mehr als nur wenige Jahre verbrachte. Mit einem starken Selbstbewusstsein stellte er sich als Einzelner gegen den (Un-)Geist seiner Zeit – und doch war er in einem hohen Maße abhängig vom Wohlwollen und der Anerkennung der Menschen gerade dieser Zeit. Er war Königlicher Hofkapellmeister und musste als steckbrieflich gesuchter Revolutionär ins Exil fliehen. Es ist kaum fassbar, wie Wagner unter solchen Umständen fast ständiger Unruhe den größten Teil seines äußeren Gesamtwerkes hatte schaffen können. Einen besonderen Tiefpunkt erlebte noch der 50-Jährige in Wien. Auf der einen Seite: Konzertreisen in Russland mit einem großen – auch finanziellen – Erfolg. Dann kurz darauf: finanzieller Bankrott durch zerschlagene Hoffnungen an der Wiener Oper und – aufwendige Lebenseinrichtungen. Er brauchte wieder Asyl, diesmal ein finanzielles, um dem Gefängnis in Österreich zu entgehen; dort bestand noch die Einrichtung der «Schuldhaft»!

Wieder geht er in die Schweiz. Am 12. April 1864 schreibt er an Dr. Standhartner[8] in Wien: «Heute über ein Jahr – denke daran! – habe ich Alles, – auch diese Miete, wenn nötig, bezahlt. Ich habe mir vorgenommen, da es denn einmal so sein muss, Alles aufzugeben, an keine Arbeit in meinem Leben mehr zu denken, und den letzten Rest meiner Gesundheit einzig darauf zu verwenden, im Laufe eines Jahres das Geld zu verdienen, meine Wiener Schulden zu bezahlen. Die Aussichten stellen sich seit Kurzem so, dass dies, durch letzte Aufopferung meiner Gesundheit, möglich sein wird. – Hierüber denn ein andermal! –

Jetzt heißt's, meine Ehre schonen, und dem deutschen Publikum wenigstens nicht die Freude zu machen, mich auch da heruntergebracht zu haben. Ich kann mir von deutschen Seelen nicht einen Gulden zur Besserung meiner augenblicklichen Lage verschaffen. Alle Bemühungen darum seitens meiner vortrefflichen Gastfreundin sind wiederum vergebens gewesen. Ich kann von mir aus jetzt gar nichts zur

---

8 In Wagners Autobiographie heißt es: «*Joseph Standhartner*, ein vorzüglich in der vornehmen Welt beliebter Arzt, großer Musikenthusiast und dazu bestimmt, in alle Zukunft mir als innig ergebener Freund zu dienen.»

Ordnung meiner Angelegenheiten beitragen. Was Euch, Dir und Liszt, gelingt, scheint – nach dem Beginne – auch nicht von einigem Belang zu werden. Mir könnte doch nur Einer helfen – nicht Viele, – nämlich: der Rechte; er existiert gewiss, – aber wie ihn finden? … Was soll ich noch schreiben? Mir ist elend zu Mute. Ich weiß nur, dass ich heute über 1 Jahr das Geld für meine Schulden haben werde: davon, ob für jetzt meine Angelegenheiten so geordnet werden können, dass ich den Mut und die Lust erhalte, noch etwas für mein Leben überhaupt zu tun, hängt vorläufig Alles ab. – Weiter kann ich nichts sagen. – An Meistersinger –!! gar nicht zu denken. Nie! Nie!»

Merkwürdig klingt der Satz: *Mir könnte doch nur Einer helfen – nicht Viele, – nämlich: der Rechte; er existiert gewiss, – aber wie ihn finden?* Auch in der Schweiz kann er diesmal nicht bleiben – durch Komplikation in den persönlichen Verhältnissen. Ein Wagner-Biograph schreibt: «Dies hier ist nicht nur die Lage eines gescheiterten Revolutionärs; sie ähnelt dem Zustand eines verfolgten Verbrechers.»[9] Das Notwendigste an Hilfe erhofft er sich jetzt von einem Freund in Stuttgart.

Und dann kommt die Schicksalswende: *Der Eine, der Rechte* findet sich. In seiner Autobiographie lesen wir: «Für jetzt reiste ich am 30. April [1864] nach Stuttgart ab; dort nämlich wusste ich *Karl Eckert* seit einiger Zeit als Kapellmeister des Königlichen Hoftheaters niedergelassen, und ich hatte Grund, diesen sehr gutartigen Menschen … als mit großer Unbefangenheit mir ergeben anzusehen. Nichts andres erwartete ich mir auch von ihm, als dass er beim Auf-

---

9 Hans Mayer, *Richard Wagner*, Rowohlt Verlag Hamburg 1990.

suchen eines stillen Unterkommens, etwa in Cannstatt bei Stuttgart, für die Dauer des bevorstehenden Sommers mir behilflich sein möchte … Als ich am Abend des 3. Mai im *Eckert*schen Hause mich über alle solche Dinge unterhielt, wurde hier, ziemlich spät, die Karte eines Herrn an mich abgegeben, welcher sich ‹Sekretär des Königs von Bayern› nannte. Sehr unangenehm davon überrascht, dass mein Aufenthalt in Stuttgart schon Durchreisenden bekannt wäre, ließ ich hinaussagen, ich sei nicht anwesend, worauf ich mich alsbald in meinen Gasthof [Hotel Marquart] zurückzog, um hier wiederum von dem Wirte desselben davon benachrichtigt zu werden, dass ein Herr aus München mich dringend zu sprechen wünsche, welchen ich nun für den anderen Morgen um zehn Uhr beschied. Stets auf Übles mich vorbereitend, verbrachte ich eine unruhige Nacht, nach welcher ich andren Tags Herrn *Pfistermeister*, Kabinettssekretär S. M. des Königs von Bayern, in meinem Zimmer empfing. Dieser äußerte mir zunächst seine große Freude darüber, mich nach allem vergeblichen Aufsuchen in Wien, endlich sogar in Mariafeld am Züricher See durch glückliche Nachweisungen geleitet, hier angetroffen zu haben. Er überbrachte mir ein Billet des jungen Königs von Bayern, zugleich mit einem Porträt sowie einem Ring als Geschenk desselben. Mit wenigen, aber bis in das Herz meines Lebens dringenden Zeilen bekannte mir der junge Monarch seine große Zuneigung für meine Kunst und seinen festen Willen, mich für immer als Freund an seiner Seite jeder Unbill des Schicksals zu entziehen. Zugleich meldete mir Herr *Pfistermeister,* dass er beauftragt sei, mich sofort dem Könige nach München zuzuführen, und erbat sich von mir die Erlaubnis, seinem Herrn telegraphisch meine Ankunft für morgen melden zu dürfen … Des Abends um fünf Uhr traf ich nun auf dem Bahnhofe mit Herrn *Pfistermeister* zusammen, um mit ihm gemeinschaftlich nach München zu fahren, wo mein Besuch dem Könige bereits für den folgenden Tag angemeldet war.»[10] Für den letzten Abschnitt seiner Biographie – neunzehn Lebensjahre sollten es noch werden, davon die letzten elf in Bayreuth – schreibt Wagner: «Nie hat unter dem Schutze meines erhabenen Freundes die Last des gemeinsten Lebensdruckes mich wieder berühren sollen.»

Der «erhabene Freund» Wagners, *der Eine, der Rechte,* war ein 19-jähriger Jüngling, der schon als Zwölfjähriger Wagners Abhandlung «Das Kunstwerk der Zukunft» begeistert gelesen und sechzehnjährig unter Tränen eine *Lohengrin*-Aufführung erlebt hatte. Am 10. März 1864 trat er die Regentschaft als Bayrischer König[11] an, und acht Wochen später am 5. Mai standen sich beide, Richard Wagner und Ludwig II., in München gegenüber. Dem König verdanken wir es, dass Parzival nun endgültig sichtbar auf der biographischen Bühne von Wagner erschien. Am 21.8.1865 schreibt er an Wagner: «... Lieber, Einziger erfüllen Sie mir eine Bitte! – Ich beschwöre Sie darum. – Teilen Sie mir einiges von Ihren Plänen über ‹die Sieger› mit und ‹Parcival›! – Ich *schmachte*

---

10 R. Wagner, *Mein Leben,* Vierter Teil. 1861–1864.

11 Ludwig II. (1845–1886), König von Bayern (1864–1886), nahm 1866 auf österreichischer Seite am Deutschen Krieg teil, vollzog aber 1870/71 den Eintritt Bayerns in das Deutsche Reich und ergriff nach außen die Initiative zur Kaiserproklamation (18. 1. 1871). Verfiel 1886 in geistige Umnachtung (am 10. 6. 1886 übernahm sein Onkel Luitpold die Regentschaft), wurde nach Schloss Berg am Starnberger See gebracht und fand mit seinem Psychiater J. B. A. von Gudden den Tod im See.

danach! – Löschen Sie den brennenden Durst!» Wagner erhielt erst einige Tage später den Brief und schrieb dann in vier Tagen, vom 27. bis 30. August, die ganze Prosafassung des Parzival nieder.[12] Es war ein ausgereifter Entwurf, der schon alles Wesentliche des zwölf Jahre später veröffentlichten Librettos enthielt. Die gestalterische Aufgabe, die Wagner noch 1859 gegenüber Mathilde Wesendonck als übermäßig eingestuft hatte, war – sechs Jahre später – bewältigt. Die dichterische Ausführung erfolgte dann bis 1877, die Komposition schloss sich an und führte in Palermo am 13.1.1882 zum Abschluss. Von der ersten Berührung des 32-Jährigen mit dem Parzival-Stoff in Marienbad bis zur Vollendung des Werkes in Sizilien vergingen 37 Jahre, mehr als die Hälfte seines Lebens.

1.3. Die Auseinandersetzung Wagners mit Wolfram von Eschenbach

Man kann davon ausgehen, dass das Marienbader Erlebnis, die erste Berührung Wagners mit Wolfram von Eschenbach und seinem *Parzival*, so verlief, dass Wagner vor allem aufnahmebereit und beeindruckt war. Es gab noch keine aktive Auseinandersetzung mit dem Aufgenommenen. Bis zu jenem Karfreitags-Erlebnis im «Asyl am grünen Hügel» hat er sich, wie er schreibt, «nie wieder mit jenem Gedichte beschäftigt». Was er unmittelbar von Wolfram und der Gralslegende

12 Im Anhang wiedergegeben. Am 5. September bedankte sich der König mit einem überschwänglichen Brief («... o wie liebe ich Sie, mein angebeteter, heiliger Freund!»).

aufnahm und aktiv ergriff, bezog sich auf die Lohengrin-Sage. Noch in Marienbad hat er den *Lohengrin* konzipiert und drei Jahre später waren Libretto und Komposition der Oper vollendet. Aber erst nach 37 Jahren folgte *Parsifal* als «Bühnenweihfestspiel». Die ganze biographische Summe der künstlerischen und mystischen Erfahrung seines Schöpfers konnte in dieses Werk einfließen. In der qualitativen Mitte dieser Zeit liegt das Karfreitags-Erlebnis von 1857. Von da an begann die bewusste Auseinandersetzung Wagners mit dem *Parzival* Wolframs. Dabei macht die Wolfram'sche Dichtung eine eindrucksvolle Verwandlung durch. Warum? Wagner habe eben, so wird gesagt, «massive individuelle Umdeutungen» vorgenommen, wie fast immer bei der Behandlung von mythischen Stoffen. An dem eigentlichen Prozess aber, den er dabei durchmacht, geht der Blick mit solchem Urteil vorbei. Es gibt ein Zeugnis Wagners in der Schilderung seiner Auseinandersetzung mit Wolfram von Eschenbach, wo er fast nebenbei diesen Prozess andeutet: «Wirklich, man muss nur einen solchen Stoff aus den echten Zügen der Sage sich selbst so innig belebt haben, wie ich dies jetzt mit dieser Gralssage tat, und dann einmal schnell übersehen, wie so ein Dichter, wie Wolfram, sich dasselbe darstellte, um sogleich von der Unfähigkeit des Dichters schroff abgestoßen zu werden (schon mit dem Gottfried v. Straßburg ging mir's in Bezug auf Tristan so).»[13] Wagner grenzt sich mit diesen Worten überdeutlich von Wolfram ab und weist auch auf eine ähnliche Erfahrung mit Gottfried von Straßburg hin.

13 Dieses und die folgenden Zitate sind dem oben schon zitierten Brief Wagners an Mathilde Wesendonck vom 30. Mai 1859 entnommen.

Das erscheint paradox, hat er doch die Kenntnis des Parzival-Mythos erst durch Wolfram und in der Form seiner Dichtung erlangt. Nun stellt er gewissermaßen seine eigene Quelle in Frage. Welche Kompetenz nimmt er für sich dabei in Anspruch? Keine andere als die: er hat *den Stoff aus den echten Zügen der Sage sich selbst innig belebt.* Damit ist das Entscheidende gesagt: Er ist zu den inneren Quellen vorgedrungen, aus denen der «Stoff» fließt, und hat damit, jedenfalls im Prinzip, ein eigenständiges, sogar autarkes Verhältnis zum Mythos erlangt. So kommt er zum Urteil über Wolframs Fassung des Stoffes, obwohl sie für ihn die Quelle von allem war. Wagner hat entscheidend durch Wolfram zu Parzival gefunden. Aber dann hat er begonnen, eine ganz selbständige Beziehung zu Parzival zu entwickeln – «jetzt trat sein idealer Gehalt in überwältigender Form an mich heran». Der Ausgangspunkt dieser bewussten und eigenständigen Beziehung war das Karfreitags-Erlebnis 1857.

Wagner muss sich nun mit Wolfram auseinandersetzen. Er übt Kritik an der Überfülle von erzählerischen Einzelheiten bei Wolfram, die den Blick auf das Ganze erschweren oder unmöglich machen: «Er hängt Begebnis an Begebnis, Abenteuer an Abenteuer, gibt mit dem Gralsmotiv kuriose und seltsame Vorgänge und Bilder, tappt herum und lässt dem ernst gewordenen die Frage, was er denn eigentlich wollte?» Demgegenüber sieht Wagner seine eigene Aufgabe: «Ich muss Alles in drei Hauptsituationen von drastischem Gehalt so zusammendrängen, dass doch der tiefe und verzweigte Inhalt klar und deutlich hervortritt; denn so zu wirken und darzustellen, das ist nun einmal meine Kunst.» Im Weiteren leuchtet ihm nicht ein, wieso der Angelpunkt des Mythos die zunächst nicht gestellte und dann am Schluss erlösend nachgeholte *Frage* des Parzival an Anfortas[14] sein soll. Das findet er «völlig bedeutungslos. Hier müsste ich also rein alles erfinden.» Wagner hat dann an die Stelle der Frage das *Mitleid* gesetzt. Wie bei Wolfram ist auch bei ihm Parzival ein törichter und Welt-unerfahrener Mensch, der dem Anfortas die Erlösung bringen soll – jetzt aber nicht durch die Frage, sondern durch Wissen, das aus Mitleid entsteht: «Durch Mitleid wissend – der reine Tor.» So lautet die Erlösungs-Prophetie, die an die Gralsburg ergeht. Die endliche Erlösung des Amfortas aber geschieht erst durch den *Speer* («die Wunde schließt der Speer nur, der sie schlug»), der bei Wagner eine zentrale Funktion im Drama innehat: es ist der Speer, mit dem einst der römische Soldat dem Erlöser die Seitenwunde schlug, und zugleich auch der Speer, mit dem Klingsor dem Amfortas die Wunde, die nicht heilen will, beibrachte. Der Speer ist zum Raub Klingsors geworden und wird nun von Parsifal zurückgewonnen und «unentweiht» wieder der Gralsburg zugeführt – zum Heil des Amfortas. Das ist eine grundlegende Neuschöpfung des Mythos, die Wagner für die Gegenwart geleistet hat. Bei Wolfram hingegen verbleibt der Speer auf der Gralsburg und spielt im Zusammenhang mit der Anfortas-Wunde keine spezifische Rolle.

Das entspricht Wagners von «erhabensten Gefühlen» (s. u.) getragener Auffassung, dass die Gralsschale und der Gralsspeer unmittelbar von den Ereignissen am Gründonnerstag und Karfreitag herstammen. Entsprechend deutlich spricht sich Wagner auch über die Grals-Auffassung von Wolfram aus, der «unter allen Deutungen, welche in den Sa-

14 So die Schreibweise bei Wolfram. Wagner hat sie in seinem Drama in «Amfortas» geändert.

gen der Gral erhielt, grade die nichtssagendste sich auswählt. Dass dieses Wunder ein kostbarer Stein sein sollte … Und wirklich bewundere ich mit völligem Entzücken diesen schönen Zug christlicher Mythenbildung, der das tiefsinnigste Symbol erfand, das je noch als Inhalt des sinnlich-geistigen Kernes einer Religion erfunden werden konnte. Wen schauert es nicht von den rührendsten und erhabensten Gefühlen, davon zu hören, dass jene Trinkschale, aus der der Heiland seinen Jüngern den letzten Abschied zutrank, und in der endlich das unvertilgbare Blut des Erlösers selbst aufgefangen und aufbewahrt ward, vorhanden sei, und wem es beschieden, dem Reinen, der könne es selbst schauen und anbeten. Wie unvergleichlich! Und dann die doppelte Bedeutung des einen Gefäßes, als Kelch auch beim heiligen Abendmahl –, offenbar dem schönsten Sakramente des christlichen Kultus! Daher denn auch die Sage, dass der Gral (Sang Réal)[15] (daraus San[ct] Gral) die fromme Ritterschaft einzig ernähre, und zu den Mahlzeiten er Speise und Trank gewähre. – Und dies alles nun so sinnlos unverstanden von unsrem Dichter.»

Wagners Kunst des «Zusammendrängens» lässt ihn auch Gestalten zu einer einzigen verschmelzen, die bei Wolfram eine Zweiheit sind.

Gawan und Parzival werden zu der einen Parsifal-Gestalt[16] bei Wagner. In Wolframs Dichtung sind die beiden eine Po-

---

15 Die sprachliche Herkunft des Wortes «Gral» ist ungewiss. Wagner verweist hier auf eine legendäre Etymologie. Sang Réal bedeutet «königliches Blut».

16 Das bezieht sich auf die *Taten* Gawans und Parzivals. Als *Person* wird Gawan auch bei Wagner durch Gurnemanz und Amfortas im 1. Akt erwähnt, ohne aber jemals aufzutreten.

larität – z. B. kommt Gawan, der welterfahrene Artus-Ritter, erst am Schluss zur Gralsburg. Er hat die Prüfungen auf dem Klingsor-Schloss zu bestehen. Der Welt-unerfahrene Parzival nimmt von der Gralsburg seinen Ausgang. Mit Klingsors Schloss kommt er gar nicht in Berührung.

Ähnliches gilt für Cundrie und Orgeluse. Cundrie ist die hässliche Gralsbotin, die Parzival verflucht nach seinem Versagen auf der Gralsburg. Orgeluse ist die schöne Schlossherrin im Umkreis von Klingsor, die viele Freier anzieht und in deren Dienst sich Anfortas seine Wunde zuzog. Beide gehen sie in Wagners Kundry-Gestalt ein.

Gurnemanz und Trevrizent sind eine weitere Polarität, die Wagner zusammenzieht. Bei Wolfram wird Parzival von Gurnemanz in die ritterlichen Tugenden eingeführt, was zur Folge hat, dass er auf der Gralsburg die entscheidende Frage nicht stellt und so den Zusammenhang mit der Gralsburg verliert. Am Schluss begegnet er dem Einsiedler Trevrizent, der ihm den Weg zu sich selbst weist und ihn über den Gral belehrt, so dass er den Weg dorthin findet. Die beiden ganz entgegengesetzten Gestalten werden bei Wagner zur einen Gurnemanz-Gestalt vereinigt.

Äußerlich betrachtet wird durch diese Vereinigung der Gestalten die Handlung «einfacher» und «übersichtlicher». Es sind bei ihm nur noch fünf Gestalten, von denen die Handlung getragen wird (Amfortas, Parsifal, Kundry, Klingsor, Gurnemanz). Wagner gilt so als «genialer Vereinfacher», der aus der Wolfram'schen Überfülle von Gestalten und Ereignissen eine «übersichtliche Handlung synthetisierte, so dass man sich in seinem Werk auf eine Hand voll Personen konzentrieren kann, deren Schicksale – weitaus deutlicher als bei den mittelalterlichen Vorbildern – alle mit dem geheimnisvollen Gral verknüpft sind».[17] Aber diese Sicht ist doch nur nebenrangig. Indem Wagner solche polaren Gestalten zusammenzieht, erscheint etwas Neues, nämlich das eigentliche, gegenüber dem Mittelalter grundlegend veränderte Wesen des modernen Menschen. Er lebt mit der immerwährenden biographischen Herausforderung, Polaritäten in sich selbst zu vereinigen. Goethe charakterisiert diesen Menschen treffend, wenn er seinen Faust sagen lässt:

> Zwei Seelen wohnen, ach! in meiner Brust,
> Die eine will sich von der andern trennen;
> Die eine hält, in derber Liebeslust,
> Sich an die Welt mit klammernden Organen;
> Die andre hebt gewaltsam sich vom Dunst
> Zu den Gefilden hoher Ahnen.

In philosophischer Weise spricht Hegel in gleicher Weise davon, wenn er den Erkenntnisprozess «dialektisch» versteht als die «Synthese» aus *These* und *Antithese.* In höchster Abstraktion wird das am Beispiel von *Sein* und *Nichtsein* deutlich als den extremsten Polaritäten, die sich aber zusammenfinden im *Werden* als ihrer Synthese![18] Solche «synthetischen» Begriffe, die der moderne Mensch finden muss, wenn er die völlig andersartige heutige Welt wirklich verstehen will, haben immer den Charakter des Prozessualen («werden») und sind nie statisch-eindeutig. Im Mittelalter galt auf allen Ebenen noch das Prinzip der Eindeutigkeit – innerhalb der Ge-

---

17 Joseph Lehmkuhl, *Gott und Gral,* Würzburg 2007, S. 23.

18 Georg Wilhelm Friedrich Hegel (1770 – 1831), *Wissenschaft der Logik,* Erstes Kapitel.

sellschaft hatte man seinen eindeutigen Platz, im Bereich der Ethik gab es die eindeutigen Moral-Gebote, im religiösen Leben war der Glaubensinhalt eindeutig dogmatisch definiert. Heute gilt dieses Prinzip nicht mehr. Sehr oft muss heute das «Entweder-oder»-Prinzip dem «Sowohl-als-auch» weichen. Dann erscheinen womöglich die Menschen als widersprüchliche Charaktere. In Wagners *Parsifal* tragen die Figuren und ihre Handlungen alle mehr oder weniger etwas von dieser Widersprüchlichkeit in sich – am meisten Kundry – und damit wesentliche Züge des modernen Menschen. Die klare Gliederung in drei Akte bei Wagner bringt urbildlich die Dialektik von Gralsburg und Klingsors Reich zur Anschauung, aus der im dritten Akt die *Synthese* der Erlösung hervorgeht.

Die angeführten Beispiele mögen genügen, um deutlich zu machen, dass Wagner anhand von Wolfram eine ganz eigenständig weiterentwickelte Gestalt des Mythos geschaffen hat. Wir werden sehen, dass dadurch der Parzival-Mythos eine Form angenommen hat, durch die er zum Mythos des modernen Menschen wird. Als Wagner am Karfreitag im Jahre 1857 zu seiner Aufgabe mit Parzival erwachte – zwölf Jahre nach seiner Marienbader Begegnung mit der Parzival-Dichtung Wolframs von Eschenbach –, begann er, sich bewusst mit Wolfram auseinanderzusetzen und so den Parzival-Mythos ganz neu zu bilden. Und als er dann auf Bitten von Ludwig II. im August 1865 in vier Tagen seinen Prosaentwurf des Parzival zu Papier brachte, war diese Auseinandersetzung abgeschlossen, der Mythos des modernen Menschen war fassbar geworden.

II. Rudolf Steiner und Richard Wagner

2.1. Das Verhältnis von Musik und Sprache bei Wagner

Es kann von besonderem Interesse sein, die Beziehung des Schöpfers der Anthroposophie[19] zu Richard Wagner einer genaueren Betrachtung zu unterziehen, nennt er doch die Anthroposophie auch *Wissenschaft vom Gral*[20]. Rudolf Steiners Verhältnis zur Musik Wagners war bis über seine Studienzeit hinaus höchst kritisch. Er suchte die «reine Musik», bei der Sinneseindruck und geistiger Gehalt identisch sind, die Musik also ihren eigenen rein musikalischen Inhalt hat. «Dass das Musikalische über die Töne-Formung hinaus noch etwas ‹ausdrücken› sollte, wie es von den Anhängern Wagners damals in allen möglichen Arten behauptet wurde, schien mir ganz ‹unmusikalisch› ...», schreibt Steiner in seiner Autobiographie. «Ich sprach von der Wagner'schen Barbarei, die das Grab alles wirklichen Musikverständnisses sei ...» Und er beklagt auch das Schicksal, «dass ich in menschliche Umgebungen kam, in denen fast ausschließlich Wagner-Verehrer waren. Das alles trug viel dazu bei, dass es mir – viel – später recht sauer wurde, mich bis zu dem Wagner-Verständnis durchzuringen, das ja das menschlich Selbstverständ-

19 Rudolf Steiner, *27. Februar 1861 – † 30. März 1925.

20 In seinem 1910 erschienenen Buch «Die Geheimwissenschaft im Umriss» (GA 13).

liche gegenüber einer so bedeutenden Kulturerscheinung ist.»[21]

Dieser Prozess begann offensichtlich in Weimar, wohin er 29-jährig übersiedelte. Da erinnert er sich: «Mit Freude denke ich an die Aufführungen der Wagner'schen Musikdramen zurück, die ich in Weimar mitgemacht habe.»[22] Als er dann 1897 nach Berlin geht, erwächst ihm allmählich ein anderer Zugang zu Wagner, der sich nicht mehr an der «reinen Musik» orientiert, sondern an dem, was er bei Wagner als dessen tiefstes und eigentliches Anliegen erkennt. Zunächst bezieht er sich aber in einem Aufsatz von 1898 noch einmal auf das Verhältnis von Musik und Sprache, das Wagner in einem ganz bestimmten Sinn versteht: «[Richard Wagner] meinte, dass dasjenige, was von diesem Leben in Worten nicht ausdrückbar ist, die Sprache der Musik suchen muss.[23] … Ich glaube aber auch noch, dass er die Ausdrucksfähigkeit des Wortes unterschätzt. Im Grunde lässt das Wort noch mehr ahnen, als es klar und deutlich zum Ausdrucke bringt. Und

---

21 GA 28, Kapitel IV.

22 GA 28, Kapitel XIX.

23 Beispielsweise spricht Richard Wagner 1851 in seiner Schrift *Oper und Drama* davon, wie bestimmte Handlungsmotive verstärkt werden müssen, um zu einer wirksamen Handlung beizutragen: «Ein Motiv verstärkt sich aber nur durch Aufgehen der in ihm enthaltenen verschiedenen Verstandesmomente in ein entscheidendes Gefühlsmoment, zu dessen überzeugender Mitteilung der Wortdichter nur durch das ursprüngliche Organ des inneren Seelengefühls, die Tonsprache, gelangen kann … Die von vornherein anzustimmende Tonsprache ist daher das Ausdrucksorgan, durch welches der Dichter sich verständlich machen muss.»

wenn man sich an diesen tieferen, durch Ahnung zu erreichenden Sinn des Wortes hält, dann kann es – nach meiner Meinung – bis zu den verborgensten Tiefen des Seelenlebens hinweisen. Man darf es dem Worte nicht zum Vorwurfe machen, dass es von den meisten Menschen nicht tief genug genommen wird.»[24] Sehr deutlich wird hier die künstlerische Auffassung und Arbeitsweise Wagners in Frage gestellt, der als zu gleichen Teilen Sprachschöpfer und Musikschöpfer der Musik die Aufgabe zuwies, dort fortzusetzen, wo die sprachliche Ausdrucksmöglichkeit an ihr Ende gekommen sei. Steiner meint, dass Wagner «die Ausdrucksfähigkeit des Wortes unterschätzt» und dass es dem Wesen des Wortes nicht entspricht, in der «Sprache der Musik» eine Fortsetzung oder gar Steigerung zu erfahren.

Später gab er den Künsten eine bestimmte Ordnung und zugleich Zuordnung zu den Wesensgliedern des Menschen.[25] Beginnend bei der Architektur (physischer Leib) kommt er auf der vierten Stufe zur Musik, die dem Ich zugeordnet wird. An fünfter Stelle und *über die Musik hinausführend* kommt bei Steiner die Sprache (Dichtung – dem Geistselbst zugeordnet). Das ist eine ganz andere Geste als die von ihm bei Richard Wagner gesehene, «dass dasjenige, was von diesem Leben in Worten nicht ausdrückbar ist, die Sprache der Musik suchen muss».

Doch dann kommt die Wende und wenig später spricht Steiner mit großer Anerkennung von Wagners Schaffen.[26]

---

24 GA 29, Artikel *Theaterskandal*, 1898.

25 GA 275, 29.12.1914.

26 «Man darf [Richard Wagner] nicht bloß als einen gewöhnlichen Musiker nehmen, sondern man muss ihn als einen tiefen Er-

Er erblickt in seinem Werk sogar eine Art Morgenröte der Anthroposophie und sieht, wie in Wagner, «einem der größten Künstler der neueren Zeit, ein ähnliches Element lebte wie in dem, was wir Geisteswissenschaft nennen».[27] Aber das sagt er aus einer anderen Perspektive. Etwa ab 1905 richtet sich sein Blick im Wesentlichen auf Wagners Grundanliegen in seinem Kulturschaffen. Seine noch 1898 formulierte Beurteilung des Verhältnisses von Sprache und Musik bei Wagner ist davon nicht betroffen und bleibt grundsätzlich weiter bestehen, wird aber von ihm bis auf weiteres nicht mehr thematisiert.[28]

2.2. Das neue Christentum

Das Christentum befindet sich in unserer Zeit in einer entscheidenden Phase seiner Entwicklung. Es war bisher gegründet auf Überlieferung. Wie soll man etwas vom Christentum wissen, wenn nicht durch verlässliche Zeugenschaft, im Besonderen durch das *Buch*, das Neue Testament? Diese Bindung an das Buch ist bedingungslos. Was nicht «bib-

---

kenner sehen, der für die moderne Menschheit die tiefen Geheimnisse des Heiligen Gral wieder verkörpern wollte» (GA 97, 29.7.1906).

27 GA 92, 2.12.1907.

28 Eine ausführliche Schilderung der Beziehung Rudolf Steiners zur Musik Richard Wagners findet sich in dem kürzlich erschienenen Buch von Michael Kurtz, *Rudolf Steiner und die Musik – Biographisches – Geisteswissenschaftliche Forschung – Zukunftsimpulse*, Kapitel 3: «*Richard Wagner, ‹einer der größten Künstler der neueren Zeit›*».

lisch»[29] ist, gilt nicht als christlich – ohne das Buch kann man nicht Christ sein. Die einzigen, die einst ohne Buch Christen sein konnten, waren die Augenzeugen, in erster Linie die Apostel. Diese Zeugen des Geschehens haben ihr Wissen als Glaubensgrundlage den entstehenden Gemeinden weitergegeben und dieses weitergegebene Wissen wurde dann *Buch*. Seither gibt es – so die allgemeine theologische Ansicht – keine originale Zeugenschaft mehr. Das Buch ist das einzig verfügbare Zeugnis, auch für die Zukunft.

Aber muss das notwendig so sein und so bleiben? Als Galileo Galilei das Pendelgesetz entdeckte (angeblich in der Kirche beim Anblick einer schwingenden Kirchenlampe), war das ein Ereignis in Raum und Zeit, ein durchaus *historisches* Ereignis. Dennoch beruht die Anerkennung des Pendelgesetzes nicht auf der Überlieferung dieses Ereignisses und hat seine Autorität nicht durch das Zeugnis des Galileo, sondern es kann jederzeit aktuell zum «historischen» Ereignis werden, sobald es von jemandem verstanden und anerkannt wird. Wäre etwas Ähnliches auch für das Christentum denkbar? Davon spricht Rudolf Steiner mit Eindeutigkeit seit dem Jahr 1910. In diesem Jahr reist er durch ganz Europa, von Stockholm bis Palermo, um von einer neuen Wirklichkeit des Christentums zu sprechen, die nicht nur für eine nähere oder fernere Zukunft erhofft und ersehnt ist, sondern als eine gegenwärtig-objektive Wirklichkeit erfahren werden kann. Allerdings ist die Objektivität dieser Wirklichkeit aufs Engste verknüpft mit dem aktiven Bewusstsein des Menschen, weshalb es auch notwendig ist, darüber Mitteilung

---

29 Biblum (lat.) = das Buch.

zu machen.[30] Es sind hauptsächlich drei Gebiete, wo sich das Neue bemerkbar machen wird.

Als «kosmisches Christentum» wird das Christentum wieder eine geistige Dimension gewinnen, die es im Urchristentum noch hatte: die Beziehung zur Natur und zum Jahreslauf. Man könnte auch von einer verlorenen «heidnischen» Dimension sprechen.[31] Damit ist auch auf die Beziehung zu den Mysterien des Altertums gedeutet. So versteht sich der Titel, den Rudolf Steiner seiner ersten Veröffentlichung zum Christentum gegeben hat[32]: «Das Christentum als mystische Tatsache und die Mysterien des Altertums».

Das Zweite wird eine neue Art des Zugangs zum Wesen und zur Wirklichkeit des Christentums sein. Das bisherige Fundament des Glaubens an einen von der Kirche vorgegebenen Glaubensinhalt wird immer mehr ergänzt und abgelöst werden müssen durch den Glauben an innere Erfahrungen, in denen die christliche Wirklichkeit ganz neu «geschaut» wird. Als im Jahr 1910, nach Abschluss der genannten Reisen durch Europa, Rudolf Steiner im August sein erstes *Mysteri-*

---

30 Auf den Charakter einer solchen von der Aktivität des Bewusstseins abhängigen Wirklichkeit hat schon vor 700 Jahren der Mystiker Meister Eckhart (1260 – 1328) gewiesen: «Denn wäre ich ein König, wüsste es aber selber nicht, so wäre ich kein König» («Deutsche Predigten und Traktate», Predigt 36).

31 Im Bereich des Katholizismus finden sich noch Elemente eines «heidnischen» bzw. kosmischen Christentums, z.B. im Fronleichnamsfest oder in den sog. Sakramentalien. Von protestantischer Seite wird das Thema sehr zurückhaltend bearbeitet, etwa in der 2001 erschienenen Veröffentlichung von Werner Thiede «Wer ist der kosmische Christus?».

32 Ab der 2. Auflage.

endrama zur Aufführung brachte, ließ er dort eine Seherin auftreten, die von dieser neuen Erfahrungs-Dimension des Christentums spricht (als von Christus gesprochene Worte): «Ihr habt gelebt im Glauben, ihr wart getröstet in der Hoffnung, nun seid getröstet in dem Schauen, nun seid erquickt durch mich. Ich lebte in den Seelen, die mich gesucht in sich, durch meiner Boten Wort, durch ihrer Andacht Kräfte. Ihr habt geschaut der Sinne Licht und musstet glauben an des Geistes Schöpferreich. Doch jetzt ist euch errungen ein Tropfen edler Sehergabe.»

Das Verhältnis zum Wesen und Wirken des Bösen und ein neues Verständnis seiner Bedeutung und seines Beitrags zum Werden des Menschen wird der dritte Bereich sein, in dem sich heute ein neues Christentum zeigen wird. Als grundlegend und orientierend für ein neues Verhältnis zum Bösen kann die von Rudolf Steiner für das *Goetheanum* geschaffene neun Meter hohe Holzskulptur «Der Menschheitsrepräsentant» gesehen werden – Christus zwischen den Widersachermächten Luzifer und Ahriman.

Über diese objektiv-gegenwärtige neue Wirklichkeit des Christentums sprach Rudolf Steiner ab 1910 in immer neuen Annäherungen an das Wesentliche. Er nannte die Tatsache dieser neuen Wirklichkeit die «Wiederkunft Christi» und konkretisierte den Wirklichkeitsbereich dieses Ereignisses als die «ätherische» Welt. Das ist die Welt der übersinnlichen, aber an die Sinneswelt gewissermaßen «angrenzenden» Lebens- und Gestaltungskräfte, zunächst im Bereich des organischen Lebens. Die Wiederkunft Christi ist ein übersinnliches Ereignis, aber ein Ereignis, das sich wie sinnliche Ereignisse in der Zeit ereignet. Es gibt ein «davor» und ein «danach». Rudolf Steiner hat später für diesen Zeitpunkt das

Jahr 1909 genannt. Für ihn war es eine innere Erfahrung, dass von nun an das Christentum tatsächlich in eine neue Entwicklungsphase eingetreten war. Solche Momente der geistigen Geschichte kann man nicht im Voraus bestimmen. Es gibt die Perspektive, dass etwas Bestimmtes in der Zukunft kommen wird, aber den genauen Zeitpunkt gilt es dann zu erwarten. Auch das Volk des Alten Testamentes wusste, dass der Messias einmal kommen wird, aber der genaue Zeitpunkt war verhüllt in ununterbrochener Erwartung. Auch vor 1909 sprach Rudolf Steiner in Vorträgen schon von einem künftigen neuen Christentum; aber das war vor allem eine Tatsache der Zukunft und zielte auf die kommende Kulturepoche. Doch dann kam das geistige Ereignis von 1909 und er wusste, belehrt durch die Erfahrung, dass diese Zukunft schon jetzt begonnen hatte. Das hatte auch Konsequenzen für sein weiteres Wirken.

Wir sagten, dass Steiners Blick auf Wagner etwa ab 1905 sich änderte und insbesondere auf das Grundanliegen seines Kulturschaffens richtete, auf das, was «hinter» seinem künstlerischen Werk stand. Dieses Grundanliegen sieht Steiner in Wagners Suche nach einem zukünftigen Christentum, das im Sinne und mit den geistigen Möglichkeiten unserer Gegenwart, der «fünften Kulturepoche», die Zukunft vorbereitet. Eine überlieferte Äußerung Wagners ist: «Für mich ist das Christentum noch nicht in das Leben getreten, und wie die ersten Christen erwarte ich eine Wiederkunft von Christus.»[33] Ob in Wagner auch etwas Vorausahnendes lebte von den genannten drei Bereichen des neuen Christentums im Zeichen der Wiederkunft?

---

33 Tagebucheintrag Cosimas vom 15.7.1879.

Für den ersten Bereich (kosmisches Christentum, «heidnische» Dimension des Christentums, Christentum und Mysterien) sind dafür die Ansätze deutlich zu sehen. Steiner benennt sie: «So zeigt uns das Ereignis Bayreuth den Zusammenfluss zweier Kulturströmungen, das Aufleben der Mysterien Griechenlands und ein neues Christentum.»[34]

Vielleicht hat Wagner tatsächlich nach diesen Mysterien Griechenlands in Verbindung mit dem Christentum getastet, wenn er 1849 schreibt: «So würde uns denn Jesus gezeigt haben, dass wir Menschen alle gleich und Brüder sind; Apollon aber würde diesem großen Bruderbunde das Siegel der Stärke und Schönheit aufgedrückt, er würde den Menschen vom Zweifel an seinem Werte zum Bewusstsein seiner höchsten göttlichen Macht geführt haben. So lasst uns denn den Altar der Zukunft, im Leben wie in der lebendigen Kunst, den zwei erhabensten Lehrern der Menschheit errichten: Jesus, der für die Menschheit litt, und Apollon, der sie zu ihrer freudenvollen Würde erhob!»[35] Dieser Altar der Zukunft verbindet so das Christentum mit dem Heidentum – eine Zukunftsperspektive der nächsten Kulturepoche (Frühlingssonne im Zeichen des Wassermanns). Dazu sagt Rudolf Steiner: «Die Sonne[36] wird dann eintreten in das Sternbild des Wassermannes. Da wird das Christentum erst wirklich aufgehen, das Heidentum verbunden mit dem Christentum sein.»[37] Bei Wagner ist der deutlichste Ausdruck dieser Verbindung von Heidentum und Christentum, von Natur und

34 GA 92, 19.5.1905.

35 Am Ende der Schrift *Die Kunst und die Revolution* von 1849.

36 Gemeint ist der Frühlingspunkt des Tierkreises.

37 GA 92, 3.12.1905.

Moralität des Menschen, sein Erlebnis am Karfreitag 1857. Das findet seinen künstlerisch vollendeten Ausdruck in der 1877 vollendeten Parsifal-Dichtung (III. Akt), aber auch in inhaltlich ausgereifter Form schon im ersten Prosaentwurf, den er 1865 für Ludwig II. niederschrieb: «Parzival blickt mit sanfter Verzückung auf Wald und Wiese. Wie doch alles so wunderbar blühe, in zarten Farben, lieblichen Formen und milden Düften zu ihm spreche! Er hat noch nie die Aue so schön gesehen. Gurnemans[38]: *Das ist Karfreitagszauber, Herr.* Parzival: *O des höchsten Schmerzenstages: Sollte da nicht eher die ganze Schöpfung trauern?* – Gurnemans: *Du siehst, es ist nicht so: heut' freut sich alle unvernünftige Kreatur, zu dem Erlöser aufzublicken. Ihn selbst am Kreuze kann sie nicht gewahren: da blickt sie denn zu dem erlösten Menschen auf; der fühlt sich durch das Liebesopfer Gottes heilig und rein, das merken die Blumen auf der Aue, dass der Mensch sie heut' nicht zertritt, sondern, wie Gott der Menschen sich erbarmte, heut' auch ihrer schont: nun dankt denn Alles, was blüht und bald stirbt; es ist der Unschuldstag der Natur.*»[39]

Der zweite Bereich, in dem das neue Christentum erfahren wird, ist die neue Art des Zugangs zu seinem Wesen und seiner Wirklichkeit. Es geht um das Verhältnis vom Glauben zum Schauen, wie zu Beginn dieses Kapitels schon berührt. Rudolf Steiner sieht Wagners Werk auch mit diesem Bereich unmittelbar in Zusammenhang: «Richard Wagner sah die Zeit nahe, wo sich erfüllen muss das Christentum, … wo dieses Christentum seine ureigene Sprache sprechen wird. Jetzt sollen die, die da *geglaubt* haben, auch wieder

38 Schreibweise bei Wolfram.

39 Prosaentwurf des III. Aktes (1865).

zu *Schauenden* werden.»[40] Ganz ähnlich klingen fünf Jahre später die Worte, welche die Seherin im Mysteriendrama über die Wiederkunft Christi spricht: «Ihr habt gelebt im Glauben, ihr wart getröstet in der Hoffnung, nun seid getröstet in dem Schauen …» Die Beziehung zum *Schauen* ist in Wagners Werk aber noch intimer. Wir sagten schon, dass die «Wiederkunft Christi» sich im Bereich der ätherischen Welt ereignet, jener Kräfte also, die mit Leben und Wachstum zusammenhängen. In diesem Bereich ist Wagner selbst in seinem Karfreitags-Erlebnis ein *Schauender* geworden, was für ihn der entscheidende Ausgangspunkt seines «Parsifal» wurde: «Und von dem Karfreitags-Gedanken aus konzipierte ich schnell ein ganzes Drama, welches ich, in drei Akte geteilt, sofort mit wenigen Zügen flüchtig skizzierte.»[41] Nach der Beschreibung Rudolf Steiners, der an einer Aufführung des «Parsifal» in Bayreuth teilgenommen hatte, ist dieser «Karfreitags-Gedanke» des *Schauens*, von dem ausgehend das Drama konzipiert worden ist, auch eine Qualität der Musik geworden: «Die Wagnersche Musik enthält alles das, was an Wahrheiten im ‹Parsifal› liegt. Die Zuhörer empfangen durch die eigentümliche Wagnersche Musik in ihrem Ätherleib ganz besondere Schwingungen. Darin liegt das Geheimnis der Wagnerschen Musik. Man braucht die Dinge gar nicht wirklich zu verstehen, aber man bekommt ihre wohltätigen Wirkungen durch den Ätherleib. Der Ätherleib hängt mit allen Wallungen des Blutes zusammen. Richard Wagner hat das Geheimnis des gereinigten Blutes verstanden. In seinen Melodien liegen die Schwingungen, die im Ätherleibe des

40 GA 92, 19.5.1905.

41 R. Wagner, *Mein Leben*, Dritter Teil. 1850–1861.

Menschen sein müssen, wenn er sich so läutert, wie es nötig ist, um das Geheimnis des Heiligen Gral zu empfangen.»[42] Das sind sehr weit reichende Aspekte der Wagner'schen (Parsifal-)Musik. Sie regt unmittelbar das Ätherische des Menschen an und macht ihn *schauend:* «Man braucht die Dinge gar nicht wirklich zu verstehen, aber man bekommt ihre wohltätigen Wirkungen durch den Ätherleib.» Steiner thematisiert hier nicht mehr das Verhältnis von Musik und Sprache – er hat einen ganz anderen Gesichtspunkt zur Musik Wagners.

Diese Ausführungen sind vor dem Jahr 1909 gemacht. Sie beziehen sich auf ein Christentum, das aus der Zukunft herein strahlt – so wie das auch Wagner empfunden hat. Wenige Jahre später ändert sich das. Die Zukunft wird Gegenwart und von Rudolf Steiner «Wiederkunft Christi» genannt. In seiner Auseinandersetzung mit dem Grals-Thema ist das eine neue Stufe.

Der dritte Bereich eines neuen Christentums der Zukunft, das Verhältnis zum Wesen und Wirken des Bösen, spielt bei Wagner und im Besonderen im *Parsifal* ebenfalls eine entscheidende Rolle. Darauf soll bei der Besprechung des II. und III. Aktes des *Parsifal* eingegangen werden.

---

42 GA 97, 29.7.1906.

III. Parzival – Parsifal

3.1. Die Namensänderung

Nach dem Prosaentwurf des Parzival vergingen noch einmal zwölf Jahre, bis Wagner im Januar 1877 mit der Ausarbeitung des Dramas begann, die bis Juli abgeschlossen war. Kurz nach Beginn der Arbeit änderte er Mitte Februar den Namen: Parsifal statt Parzival. Er übernahm die Ableitung des Namens durch Josef Görres vom Jahre 1813 aus dem Persischen für «rein» (fal) und «Tor» (parsi): Fal parsi, der reine Tor. Diese Ableitung ist sprachlich womöglich nicht korrekt und dennoch von tieferem Interesse. Sie zeigt einmal, wie Wagner bis in den Namen des Protagonisten mit «seinem» Mythos eine von Wolfram ganz unabhängige Richtung verfolgt. Nicht «durch das Tal» (Parzival) war für ihn das wesentliche Motiv, sondern «der reine Tor» (Parsifal). Verbunden damit stand nicht mehr die *Frage* im Mittelpunkt, die Parsifal erlösend an Amfortas richten sollte, sondern das *Mitleid* mit Amfortas: «durch Mitleid wissend». Sehr tief und Wagner nicht notwendig bewusst geht der Bezug zur persischen Sprache mit diesem Namen. Wenn Gurnemanz eine frühere Inkarnation von Kundry andeutet («Hier lebt sie heut, vielleicht erneut, zu büßen Schuld aus früh'rem Leben[43], die dorten ihr noch

43 Im II. Akt nennt Klingsor den Namen der früheren Inkarnation: Herodias, welche die Enthauptung Johannes des Täufers veranlasst hat.

nicht vergeben.»), so läge es gewiss auch in der Gedankenwelt Wagners, diese Frage in Bezug auf Parsifal zu stellen. Wenn man Rudolf Steiner in dieser Frage folgen will, stellt sich tatsächlich eine karmische Beziehung zu Persien her und der von dort ausgehenden geistigen Bewegung des Manichäismus[44]. In der christlichen Religionsgeschichte wird der Manichäismus sehr negativ beurteilt, nicht zuletzt wegen Augustinus und seiner Auseinandersetzung mit dem Manichäer Faustus von Mileve. Rudolf Steiner beschreibt den Manichäismus aber ganz anders: «In seiner Lehre war alles zusammengefasst, was die alten Religionen an Weisheit enthalten hatten, und er beleuchtete es mit einer christlichen Gnosis, die möglich machte, dass die Bekenner der babylonisch-ägyptischen Sternenweisheit, die Anhänger der alten Perser-Religion, ja sogar die Buddhisten aus Indien, sich durchdringen konnten mit einem Verständnis des Christus-Impulses in dieser Form.»[45] Das persische Element dieser Religion zeigt sich in ihrem dualistischen Weltbild des Gegensatzes von Licht und Finsternis, Gut und Böse usw. Heute – nach Hegel – sollte man dieses Weltbild statt dualistisch besser «dialektisch» nennen, wie es dem modernen Bewusstsein entspricht. Ein dialektisches Element hat Wagner, wie wir sahen, seinen Gestalten gegeben, wenn er sie aus jeweils zwei Wolfram'schen Gestalten gebildet hat. Man könnte auch sagen: er hat ihnen

---

44 Mani (216 bis ca. 277) war der Stifter der nach ihm benannten Religion des Manichäismus. Er lebte im persischen Sassanidenreich und wuchs in einer Gemeinschaft christlicher Täufer auf. Später trennte er sich von ihnen.

45 GA 264, Kapitel *Über Meisterpersönlichkeiten im Zusammenhang mit den Auferweckungen in den Evangelien*, S. 229 f.

– insbesondere Parsifal – einen «manichäischen Charakter» gegeben.

3.2. Die Frage

Die Bezugnahme Rudolf Steiners auf Richard Wagner und seinen *Parsifal* geschah am Anfang des Jahrhunderts wesentlich im Blick auf das künftige Christentum, auf das auch Wagner – nach dem Verständnis Rudolf Steiners – in seinem Schaffen hin orientiert war. Das begann sich im Umkreis des Jahres 1910 zu ändern. Das übersinnliche Ereignis, das Rudolf Steiner auch die «Wiederkunft des Christus im ätherischen Gewande»[46] nannte, hatte die geistige Landschaft verändert. Das zukünftige Christentum hatte begonnen, gegenwärtige Wirklichkeit zu werden. In den nun folgenden Jahren bis zum Ausbruch des Ersten Weltkriegs entwickelte Rudolf Steiner ganz neue und weitreichende Perspektiven des Christentums. Wenn er in dieser Zeit das Parzival- und Grals-Thema aufgreift, dann unter anderen Vorzeichen als früher. Das Grals-Mysterium ist jetzt Gegenwart und betrifft die gegenwärtige Menschheit, die anthroposophische Geisteswissenschaft ist «Wissenschaft vom Gral»[47].

Eine entscheidende Voraussetzung zum Verständnis dieser Wissenschaft vom Geist ist innere Aktivität. Das ist ein Zustand, der dem heutigen an der Naturwissenschaft geschulten Menschen meist fremd ist. Auf seine Fragen sucht er die wissenschaftliche, das heißt für ihn «objektive» Antwort.

---

46 GA 123, 10.9.1910.

47 GA 13, *Die Geheimwissenschaft im Umriss* – 1910 erschienen.

Im Labor gilt es die Weichen richtig zu stellen für den Versuch, dann wird sich daraus von selbst – das heißt objektiv – die Antwort ergeben. Dieser sich «von selbst» ergebenden Antwort entspricht eine Seelenhaltung, die sich selbst in allem zurücknehmen, das heißt notwendig «passiv» sein muss. Der Gewinn dabei ist Objektivität in der Sache. Der Verlust liegt in der Beziehung der Sache zum Menschen, der dabei zum bloßen Zuschauer des Weltgeschehens wird. Es ist für den heutigen Menschen nur schwer vorstellbar, dass es Wirklichkeiten gibt, an deren Zustandekommen das aktive Bewusstsein des Menschen beteiligt ist. Bei einigen Mystikern am Beginn der Neuzeit war davon schon ein erstes Bewusstsein vorhanden. Auf Meister Eckhart wurde hingewiesen, der sagte: «Denn wäre ich ein König, wüsste es aber selber nicht, so wäre ich kein König.» Die Wirklichkeit und Qualität seines Königseins hängt also vom aktiv-hervorbringenden Bewusstsein des «Königs» selbst ab! Die Frage «Bin ich ein König?» wäre dann von solcher Art, dass die Antwort sich nicht von außen und «von selbst» ergibt, sondern nur durch den Fragenden selbst. Sie hängt also einerseits ganz von der eigenen inneren Aktivität ab – und ist andererseits dennoch objektiv. Im Neuen Testament gibt es die Stelle, wo Pilatus am Karfreitag die entscheidende Frage an Jesus stellt: «Bist du der König der Juden?» Die Antwort ist nicht «Ja» oder «Nein», sondern: «Du sagst es, dass ich ein König bin.»[48] Dem Sinn nach müsste es heißen: «Du selbst musst es sagen, damit es für dich eine Wirklichkeit ist.»

Die Naturwissenschaft ist die große Erzieherin des modernen Menschen zur Objektivität und Sachlichkeit der Seele

---

48 Johannes 18:37.

– aber sie muss sich notwendig auf ein passives Bewusstsein gründen. Für die moderne Geisteswissenschaft ist die Sachlichkeit der Seele zwar eine unabdingbare Voraussetzung, sie gründet sich aber auf das mitwirkende aktive Bewusstsein und seine Frage. Das ist für Rudolf Steiner die *Parzival-Frage* (wir könnten sie auch *Pilatus-Frage* nennen) des modernen Menschen: «Jede Seele, die heute einfach passiv hinnimmt, was ihr gegeben wird, kommt dadurch nicht über sich selbst hinaus. Sie kann dann nur beobachten, was in der physischen Welt um sie her vorgeht. Die Seele muss heute fragen, muss sich über sich selber erheben, aus sich selber herauswachsen. Die Seele muss heute fragen, wie einstmals Parzival fragen musste nach den Geheimnissen der Gralsburg. So beginnt heute die geistige Forschung erst da, wo das Fragen ist.»[49] Das Motiv der Frage wird so zum Zentral-Motiv der Parzival-Erzählung mit einer hochaktuellen spirituellen Relevanz für den modernen Menschen.

Bei Wolfram von Eschenbach ist dieses Motiv deutlich, nicht aber bei Richard Wagner. Er wendet sich im Gegenteil heftig gegen Wolfram: «Das mit der ‹Frage› ist so ganz abgeschmackt und völlig bedeutungslos. Hier müsste ich also rein Alles erfinden.»[50] Das hat Wagner getan – er hat «erfunden». Sein Parsifal ist nicht mit der Erwartung nach der erlösenden Frage verbunden, sondern mit der Prophezeiung «durch Mitleid wissend». Und Steiner, der ein so großes Gewicht auf die Parzival-*Frage* legt, hat die Wendung Wagners zum *Mitleid* – der ja sogar eine polemische («abgeschmackt und völlig bedeutungslos») Abweisung des Frage-Motivs zugrunde liegt –

---

49 GA 104 a, 16.5.1909.

50 30. Mai 1859, Brief an Mathilde Wesendonck.

erstaunlicherweise niemals in Frage gestellt. Im Gegenteil, er bestätigt Wagner: Parzival auf seinem Weg «ringt sich zu einer Erkenntnis durch, die in etwas anderem besteht als in dem, was man gewöhnlich Verstandes- oder Vernunfterkenntnis nennt. Zu einer Erkenntnis, die Richard Wagner mit einer grandiosen Richtigkeit zum Ausdruck gebracht hat, vielleicht nicht ganz philosophisch oder psychologisch richtig, aber sinngemäß, indem er Parzival den ‹Reinen Toren› nennt, der ‹durch Mitleid wissend› wird.»[51] Dieses Wissen ist keine «gewöhnliche Verstandes- oder Vernunfterkenntnis», wie die heutige objektive Naturerkenntnis, die Steiner als «passiv» charakterisiert. Es ist eine aus «Mitleid» geborene Erkenntnis, die sich auf einen Weg und auf *innere Aktivität* gründet. Nicht anders beschreibt Rudolf Steiner die Parzival-Frage: als Ausdruck *seelischer Aktivität* auf dem Weg zu höherer Erkenntnis. «Die Seele muss heute fragen, muss sich über sich selber erheben, aus sich selber herauswachsen. Die Seele muss heute fragen, wie einstmals Parzival fragen musste.»

Rudolf Steiners Deutung der Parzival-Frage ist der *geisteswissenschaftliche Blick* auf den modernen Menschen und seinen Weg zur höheren Erkenntnis. Richard Wagners Parsifal zeigt als *Mythos* den modernen Menschen und seinen Weg des inneren Erlebens.

3.3. *tumpheit – zwîvel – saelde*

Der Werdegang Parzivals in der Erzählung Wolfram von Eschenbachs zeigt deutlich drei Stufen. Die erste Stufe um-

51 GA 54, 29.3.1906.

schließt die Zeit seiner Kindheit und Jugend bei seiner Mutter Herzeloyde, die ihn zum Unwissenden der Welt gegenüber erzog – in «tumpheit»[52]. So kommt er zu Gurnemans, der ihm die Erziehung zum weltfähigen Ritter angedeihen lässt, zugleich aber auch die Verhaltensregel mitgibt, nicht unnötig zu fragen. Auf die Gralsburg führt das zum folgenschweren Versäumnis Parzivals, im entscheidenden Moment die entscheidende und erlösende Frage zu stellen.

Als ihm das bewusst wird und die Gralsbotin Cundrie ihn deswegen verflucht, kündigt Parzival wie in einem Lehnsverhältnis Gott den Dienst auf, weil dieser in seiner Allmacht ihn nicht vor der Schmach seines Versagens bewahrt habe. Sein Weltvertrauen geht nun ent-zwei, er zweifelt jetzt an allem, sogar an Gott, und verfällt in den Zustand von «zwîvel».

Nach langen Irrfahrten und Kämpfen kommt er zum Einsiedler Trevrizent. Dessen intime Belehrung kann nun die Wende einleiten – zuerst die Versöhnung mit Gott. Im weiteren Verlauf kommt Parzival wieder auf die Gralsburg, kann die erlösende Frage stellen und wird dann Gralskönig. Dieser dritte Zustand ist «saelde»[53].

In diesem Dreischritt eines Werde- und Entwicklungsprozesses liegt etwas Urbildliches: die ursprüngliche *Einheit* des Bewusstseins mit der Welt, die aber die Welt noch nicht

52 Das mittelhochdeutsche Wort wird neuhochdeutsch zu «Dumpfheit» oder «Dummheit».

53 Man könnte diesen Zustand als «Übereinstimmung mit dem eigenen Schicksal» bezeichnen. Die Übersetzung mit «Glück» kann missverständlich sein. Steiner gibt *saelde* auch wieder als «innere Gewissheit und Sicherheit». Das mittelhochdeutsche Wort wird neuhochdeutsch zu «selig».

verstehend durchdringt, geht verloren, Mensch und Welt werden «zwei», ein Abstand zur Welt entsteht, dadurch aber auch der Spiegel des Bewusstseins. Jetzt kann der Mensch die Welt im Bewusstsein spiegeln – er kann sie «reflektieren» –, ohne sich wirklich mit ihr zu verbinden. Er bildet sich nun seine eigene «Vorstellung» von der Welt – frei vom Zwang der Wirklichkeit. Deshalb ist mit dieser Zweiheit von Welt und Mensch auch der *Zweifel* an der Wirklichkeit verbunden als Krise und notwendigem Durchgangsstadium. Dann kommt zuletzt als dritter Schritt die Überwindung des Zweifels, die Synthese der Zweiheit auf einer höheren Stufe – *saelde.* Das ist nicht die verloren gegangene alte Einheit mit der Welt, sondern ein neuer Zustand. Damit haben wir uns schon beschäftigt.[54]

Indem wir auf der einen Seite in Wolframs Epos die *Parzival-Frage* als das eine entscheidende Motiv angesehen haben, zeigt sich nun in Bezug auf Parzivals Weg zu sich selbst der Dreischritt von *tumpheit – zwîvel – saelde* als ein zweites Fundamental-Motiv dieser Dichtung. Wenn etwa in der Oberstufe Parzival als Unterrichtsstoff behandelt wird[55], würden diese beiden Motive beispielsweise ein Fundament bilden können für die Einheit der Erzählung in der Fülle von zuweilen zusammenhanglos erscheinenden Einzelheiten des Erzählstoffes. Auch als Mysterienerfahrung gibt Rudolf Steiner diesem Motiv des Dreischritts ein großes Gewicht: «Man unterschied bei der Einführung in die Mysterien drei Stufen, durch die der Mensch hindurchgehen musste. Die

54 Siehe oben Kapitel *1.3. Die Auseinandersetzung Wagners mit Wolfram von Eschenbach.*

55 In der Waldorfschule für die 11. Klasse im Lehrplan vorgesehen.

erste Stufe war die Dumpfheit, die zweite Stufe war der «Zwîfel», die dritte Stufe war die «Saelde». Die erste Stufe war die, auf welcher der Mensch von allem Vorurteil der Welt hinweggeführt wurde, hingewiesen wurde auf die Kraft seiner eigenen Seele, seine eigene Liebeskraft, damit er das innere Licht leuchten sehen konnte. Die zweite Stufe war der Zwifel, Zweifel. Dieser Zweifel an allem kommt auf der zweiten Stufe der Einweihung, und er wird auf einer höheren Stufe hinaufgehoben in die innere Seligkeit, Saelde. Dies war die dritte Stufe, das bewusste Zusammenführen mit den Göttern … Das alles musste Parzival erfahren als Erlebnis.»[56] Ähnlich antwortete Steiner auf die Frage eines Lehrers der in der 11. Klasse gerade Parzival im Unterricht behandelte: «Man wird im Religionsunterricht den Hauptwert darauf zu legen haben, dass die drei Stufen zum Beispiel bei Parzival besonders stark herauskommen: Erstens der gewissermaßen Unschuldszustand des Menschen, wenn er in der Dumpfheit lebt; dann der zweite, der Zweifelzustand des Herzens, «Ist zwîfel herzen nâchgebûr, das muoz der sêle werden sûr»; dies als zweites Stadium. Als drittes Stadium die innere Gewissheit und Sicherheit, das, was er erreicht, die *saelde.*»[57]

Wieder müssen wir – ähnlich wie schon beim Frage-Motiv – sagen: Bei Wolfram von Eschenbach ist dieses Entwicklungs-Motiv deutlich erkennbar, bei Richard Wagner scheint

---

56 GA 97, 29.7.1906.

57 GA 300 b, Konferenz vom 9.12.1922. Steiner unterscheidet hier für die 11. Klasse die Behandlung des Parzival-Stoffes im *Literatur- und Geschichtsunterricht* vom *Religionsunterricht.* In beiden Unterrichtsformen werden die «drei Stufen» behandelt, aber mit unterschiedlicher Ausrichtung auf den Unterrichtsinhalt.

es nicht thematisiert zu sein. Auch in diesem Punkt wendet er sich gegen Wolfram und schreibt in dem zitierten Brief an Mathilde Wesendonck: «Was müsste ich nun mit dem Parzival alles anfangen! Denn mit dem weiß Wolfram nun auch gar nichts: seine Verzweiflung an Gott ist albern und unmotiviert[58], noch ungenügender seine Bekehrung.»

Wie Wolfram den Übergang von der *tumpheit* zum *zwîvel* beschreibt (seine Verzweiflung an Gott) und weiter den Übergang vom *zwîvel* zur *saelde* (seine Bekehrung), ist für Wagner «albern und unmotiviert»! Aber auch hier fällt auf, dass Steiner, der auf das dreigliedrige Entwicklungsmotiv bei Parzival ein so großes Gewicht legt, die scheinbare Abwendung Wagners davon nicht bemängelt – im Gegenteil: er geht sogar davon aus, dass dieses Motiv bei Wagner im Zentrum stünde! Im oben zitierten Vortrag sagt er: «Man unterschied bei der Einführung in die Mysterien drei Stufen, durch die der Mensch hindurchgehen musste … Das alles musste Parzival erfahren als Erlebnis. Durch eine merkwürdige Genialität hat Richard Wagner das an jenem Karfreitage 1857 gefühlt, was als der leitende rote Faden durch die ganze Entwickelung des Parsifal[59] hindurchgehen musste.»[60] Steiner bescheinigt Wagner geradezu, dass die «drei Stufen» als ein roter Faden durch

---

58 Bei Wolfram wird Parzival «unschuldig schuldig». Er stellt die Frage nicht, weil man ihn belehrt hatte, er solle nicht zu viel fragen. Er konnte nicht wissen, dass er hätte fragen sollen. Er macht deshalb Gott dafür verantwortlich und kündigt ihm den Dienst auf.

59 Die Schreibweise des Namens an dieser Stelle ist dem Kontext entnommen. Da es sich um einen mündlichen Vortrag handelt, ist die Schreibweise im Prinzip nicht festgelegt.

60 GA 97, 29.7.1906.

die Entwicklung seines Parsifals sich hindurch zögen. Wie soll man das verstehen?

Das erste Stadium, die *tumpheit*, wird tatsächlich von Wagner gezeichnet: Parsifal erscheint als der unwissende «Tor», der noch nichts von der Welt kennt – auch nicht das Böse und noch nicht einmal seinen eigenen Namen. Und wie bei Wolfram wird auch er, nachdem er die in ihn gesetzten Hoffnungen der Gralsritter nicht erfüllt hat, aus der Burg geworfen und wieder sich selbst überlassen. Das ist bei Wolfram der Moment seiner «Verzweiflung an Gott», die Verdunkelung des Bewusstseins zum *zwîvel*, zum Zweifel an allem. Bei Wagner finden wir nichts dergleichen. Die Regieanweisung für das Ende dieser Szene lautet:

Er [Gurnemanz] stößt Parsifal hinaus und schlägt, mürrisch, hinter ihm die Türe stark zu. Während er dann den Rittern folgt, schließt sich, auf dem letzten Takte mit der Fermate, der Vorhang.

Wir wissen nicht, was jetzt in Parsifal vorgeht. Wir begegnen ihm erst wieder im Zauberschloss Klingsors. Klingsor weiß um sein Kommen schon im Voraus und sieht dann auch den «Knaben, der naht!» Alles was Parsifal hier erlebt und durchmacht, zeigt, dass er nach wie vor «unwissend» ist – der «reine Tor». Er ist weiterhin im Zustand der *tumpheit* – auch im II. Akt des Musikdramas in Klingsors Zaubergarten.

Bei Wolfram endet dieser Zustand, nachdem Parzival aus der Gralsburg verstoßen worden war, mit dem Fluch der Gralsbotin Cundrie. Dieser Fluch ist der auslösende Moment dafür, dass er Gott absagt (was Wagner «albern und unmotiviert» findet) und in den Zustand des *zwîvels* gerät. Jahre des Irrens und Kämpfens folgen, bis er zu Trevrizent kommt und durch dessen Unterweisungen sich zuletzt Gott wieder zuwenden kann und von seiner Schuld befreit wird. Danach begegnet er Cundrie wieder, die ihren Fluch von ihm nimmt und ihm so den Weg zur Gralsburg öffnet. Dass er die Gralsburg wieder findet, verdankt er nicht seinen Kämpfen im Zustand des *zwîvels,* sondern der Begegnung mit Trevrizent. Von da an führt ihn der Weg zur *saelde.*

Wagner verändert diese Ereignisfolge wesentlich. Eine «unmotivierte» Absage an Gott macht Parsifal nicht. Der Fluch Kundrys aber als entscheidender Wendepunkt trifft auch ihn. Bei Wolfram trifft ihn der Fluch, weil er auf der Gralsburg versagt hat. Er wird dadurch auf Irrwege und in Kämpfe geführt auf der Suche nach dem Gral. Es sind sinnlose Wege, denn kämpfend lässt sich der Gral nicht finden. Das begreift er bei Trevrizent. Bei Wagner wird Parsifal vom Kundry-Fluch in einer gänzlich anderen Situation getroffen: er hat den von Klingsor geraubten heiligen Speer für die Gralsburg zurückgewonnen und Klingsors Zauberschloss den Untergang bereitet. Nicht die Frage ist es, die bei Wagner den Amfortas heilen wird, sondern der Speer. Parsifal hat ihn errungen – als Sieger macht er sich auf den Weg zur Gralsburg, nicht als verzweiflungsvoll Suchender, der Gott abgesagt hat. In dieser Situation trifft ihn der Fluch Kundrys. Äußerlich sind nun seine Erfahrungen ähnlich wie die des Parzivals bei Wolfram in der Phase des *zwîvels.* Davon spricht er zu Gurnemanz, den er am Schluss wieder trifft (entsprechend der Trevrizent-Szene bei Wolfram):

> Doch, ach! –
> den Weg des Heiles nie zu finden,
> in pfadlosen Irren

trieb ein wilder Fluch mich umher:
zahllose Nöte,
Kämpfe und Streite,
zwangen mich ab vom Pfade,
wähnt ich ihn recht schon erkannt.
Da musste mich Verzweiflung fassen,
das Heiltum heil mir zu bergen,
um das zu hüten, das zu wahren,
ich Wunden jeder Wehr mir gewann;
denn nicht ihn selber
durft ich führen im Streite, –
unentweiht
führ ich ihn mir zur Seite,
den ich nun heim geleite,
der dort dir schimmert heil und hehr:
des Grales heil'gen Speer.

Er hat viele Verwundungen hinnehmen müssen, weil er ein Heiligtum mit sich führte, den Gralsspeer, den er nicht zum Kampf führen durfte. Und der Fluch hat ihn auf pfadlose Irrwege getrieben. Dennoch: «unentweiht» bringt er den Speer zurück. Parsifal hat sich selbst besiegt auf diesem Weg – der zweite Sieg nach dem Sieg in Klingsors Zaubergarten. Kundry ist auch in der Szene anwesend, aber sie nimmt nicht wie bei Wolfram den Fluch zurück. Das wäre hier nicht am Platz, denn der Fluch hat sich ja schon zu verwandeln begonnen in den Segen einer neu erstehenden, heimatlichen Erde, welche Parsifal jetzt «im Vormittagslichte leuchten» sieht im «Charfreitags-Zauber». Er taucht ein in den Zustand der *saelde*, der sich auf der Gralsburg vollendet in der Erlösung des Amfortas – nicht durch eine endlich gestellte Frage, sondern durch die Handlung Parsifals, der jetzt endlich den Speer führen darf.

Parsifal ... tritt jetzt hervor und streckt den Speer aus, mit dessen Spitze er Amfortas' Seite berührt.

Nur eine Waffe taugt:
die Wunde schließt
der Speer nur, der sie schlug.

So findet sich die Dreiheit der Wolfram'schen Stufen *tumpheit – zwîvel – saelde* auch bei Wagner wieder als der «rote Faden», der sich durch die Handlung zieht. Aber der Inhalt dieser Dreiheit hat sich verwandelt. Sein erstes Erscheinen auf der Gralsburg ist noch nicht sein Eigenes: die Wellen des Schicksals haben ihn an die Gralsburg getragen. Sein eigener Weg beginnt erst, nachdem er von Gurnemanz aus der Burg gestoßen worden ist. Im Musikdrama Wagners geschieht das am Ende des I. Aktes. Er geht dann seinen Weg im Zustand der *tumpheit* als «Tor», der auf der Gralsburg noch kein Wissen errungen hat. So begegnen wir ihm in Klingsors Zaubergarten.

Dann wacht er dort auf, widersteht Kundry und erringt den Speer. Dieses Erwachen steht bei Wagner an der Stelle, an der bei Wolfram die Absage an Gott geschieht. Bei Wolfram löst der Fluch Cundries die Absage an Gott aus, bei Wagner hat umgekehrt das Erwachen und Widerstehen den Fluch Kundrys zur Folge. Das geschieht am Ende des II. Aktes. Die Irrwege, die Parsifal nun gehen muss, entsprechen bei Wolfram dem Zustand des *zwîvels* und sind die Folge des Versagens auf der Gralsburg. Bei Wagner aber sind die Irrwege die Folge seines Sieges auf der Klingsor-Burg. Er geht die leidvollen Irrwege einsam und verlassen – aber mit dem Gralsspeer nicht gottverlassen. Der *zwîvel* auf den äußeren Wegen ist verbunden mit der inneren Gewissheit, den Speer errungen zu haben. Das wird bei Wagner nicht als Teil des Dramas dargestellt. Die Irrwege verlaufen im Hintergrund zwischen dem II. und III. Akt.

Und dann kommt die dritte Stufe der *saelde*, indem Parsifal wieder Gralsgebiet betritt. Das geschieht im III. Akt.

Der «rote Faden» durch die drei Akte stellt sich dann so dar:

I. und II. Akt: *tumpheit*

Parsifal handelt noch nicht bewusst und versagt auf der Gralsburg, von der er ausgestoßen wird.

Dann kommt er als unwissender Tor zu Klingsors Zauberschloss. Er widersteht dort Kundry, indem er zu sich selbst und seinen Erlebnissen auf der Gralsburg erwacht. Das geschieht am Ende des II. Aktes. So erringt er den Speer, und dann trifft ihn Kundrys Fluch.

Vom II. zum III. Akt: *zwîvel*

Die Folge von Kundrys Fluch: «In pfadlosen Irren trieb ein wilder Fluch mich umher: zahllose Nöte, Kämpfe und Streite zwangen mich ab vom Pfade, wähnt ich ihn recht schon erkannt. Da musste mich Verzweiflung fassen.»

III. Akt: *saelde*

Parsifal betritt wieder Gralsboden und erlöst Amfortas.

Ähnlich wie bei der *Parzival-Frage* zeigt sich auch hier bei den *drei Stufen der Parzival-Entwicklung*, dass Wagner in seiner Dichtung das Wesentliche nicht nur nicht aufgegeben hat, sondern es in weiter entwickelter Form klar zum Ausdruck bringt. Das liegt in den Worten Steiners: «Durch eine merkwürdige Genialität hat Richard Wagner das an jenem Karfreitage 1857 gefühlt, was als der leitende rote Faden durch die ganze Entwickelung des Parsifal hindurchgehen musste.»[61]

61 GA 97, 29.7.1906.

IV. Parsifal – I. Akt

4.1. «*Wer ist der Gral?*»

Das Motiv der *Frage*, das bei Wolfram von Eschenbach im Zentrum seiner Parzival-Erzählung steht, verwandelt sich bei Richard Wagner und nimmt eine andere Gestalt an. *Mitleid* ist jetzt das Zentralmotiv. Dennoch gibt es auch bei ihm eine grundlegende Frage. Parsifal stellt sie zu Beginn seines Weges hinauf zur Gralsburg, auf den er durch Gurnemanz geleitet wird. Gurnemanz beantwortet sie aber nicht, denn die Antwort wird Parsifal dann bekommen, wenn der Gral für ihn zur Erfahrung geworden ist. *Verstehen* und *Erleben* sind beim Gral nicht getrennt.

PARSIFAL.
Wer ist der Gral?
GURNEMANZ.
Das sagt sich nicht;
doch, bist du selbst zu ihm erkoren,
bleibt dir die Kunde unverloren.

Es geht um die Zukunft, um ein Christentum, das noch im Entstehen ist. Die Menschheit ist im Zugehen auf das Mysterium von Golgatha noch einheitlich geführt worden, denn die Erlösungstat Christi entsprang göttlicher Initiative, auch wenn sie von den Menschen ersehnt, erwartet und dann auch vorausgeschaut wurde. Gott selbst unterzog sich dem Mysterium des «Durchgangs durch die Sinneswelt», über den Rudolf Steiner in äußerster Zusammendrängung ausführte: «Aber diese einstige übersinnliche Welt *brauchte* den Durchgang durch die sinnliche. Ihre Weiterentwickelung wäre ohne diesen Durchgang nicht möglich gewesen. Erst wenn sich innerhalb des sinnlichen Reiches Wesen entwickelt haben werden mit entsprechenden Fähigkeiten, kann die übersinnliche wieder ihren Fortgang nehmen. Und diese Wesenheiten sind die Menschen.»[62] Die Menschen haben in der Sinneswelt durch die luziferischen Wesen tatsächlich ihre Befreiung gefunden – aber das geschah als «Sündenfall» und hatte zur Folge, dass die Verbindung mit der geistigen Welt immer mehr zu schwinden begann, bis schließlich «die Zeit erfüllt» war, weil die wachsende Trennung einen kritischen Punkt erreicht hatte. «Als aber die Zeit erfüllt war, sandte Gott seinen Sohn, geboren von einer Frau und dem Gesetz unterstellt.»[63]

Durch die erlösende Tat Christi, durch das Auferstehungs-Mysterium von Golgatha, wurde der Gegensatz «sinnlich – übersinnlich» in der tiefsten Schicht überwunden. Auferstehung ist die Neugeburt der übersinnlichen Welt *nach* ihrem Durchgang durch die sinnliche Welt. Sinnliche und übersinnliche Welt sind nicht länger in *Diesseits* und *Jenseits* geschieden. Die sinnliche Welt kann «geheiligt» werden durch die übersinnliche, sie kann durch die Transsubstantiation, «Wandlung», gehen. Das geht aber nicht mehr ohne die

---

62 Wie erlangt man Erkenntnisse der höheren Welten?, GA 10, Kapitel *Leben und Tod …*

63 Brief des Paulus an die Galater 4:4.

Mitwirkung des Menschen, es bedarf jetzt auch seiner Taten und seines verwandelnden Handelns, damit der Sinneswelt etwas gegeben werden kann, das ihr noch nicht eigen ist. Kosmische Weisheit ist ihr eigen; das weisheitsvolle Gefüge der Naturgesetze, das Wunder des ökologischen Gleichgewichts in der Welt des Lebendigen machen das anschaubar. Was die Sinneswelt aber aus sich heraus nicht hat, ist «gut und böse», das heißt Moralität. Auf die Frage des Pilatus: «Bist du der König der Juden?», antwortet Jesus: «Mein Reich ist nicht von dieser Welt. Wäre mein Reich von dieser Welt, meine Diener würden darum kämpfen, dass ich den Juden nicht überantwortet würde; aber mein Reich ist nicht von dieser Welt.» Da fragt Pilatus weiter: «Bist du dennoch ein König?» Und Jesus gibt die rätselvolle Antwort: «Du sagst es, dass ich ein König bin.»[64]

Das Reich der Moralität – Christi Reich – ist nicht von dieser Welt. Das ist auch für den heutigen Menschen eine weltanschauliche Selbstverständlichkeit. Zwischen Naturgesetzlichkeit und Moralität wird kein Zusammenhang erlebt – sonst müsste es auch Naturwunder geben, die als moralisch bewirkte Naturvorgänge der gewöhnlichen Kausalität entzogen wären. Im Neuen Testament wird hier die Welt des Vatergottes gesehen: da folgt der Sonnenaufgang dem Naturgesetz und nicht moralischen Gesetzen: «Denn der Vater in den Himmeln lässt seine Sonne aufgehen über Böse und Gute.»[65] Das Reich des Sohnes hingegen ist nicht von dieser Welt, aber es kann dennoch wirksam werden in dieser Welt! Dann wird auch der Sonnenschein – etwa am Karfreitag – nicht allein

64 Johannes 18:37.

65 Matthäus 5:45.

naturgesetzlich erfahren: «Und es war schon um die sechste Stunde, und es kam eine Finsternis über das ganze Land bis zur neunten Stunde, und die Sonne verlor ihren Schein.»[66] Ob aber Christus, der König der Moralität, dessen Reich nicht von dieser Welt ist, dennoch auch in dieser Welt König sein kann, hängt von der Mitwirkung des Menschen ab: «Du sagst es, dass ich ein König bin.»

Die Frage nach der Wirksamkeit des Moralischen in der Sinneswelt ist die größte Herausforderung und die eigentliche «Kardinalfrage» – so Rudolf Steiner – des modernen Menschen: «Wie kann man denn in einer Welt, die sich nach denjenigen Gesetzen vollzieht, die der Naturwissenschaftler heute annehmen muss, wie kann man in einer solchen Welt davon sprechen, dass sich irgendwie ethische Impulse realisieren? Wo sollten denn ethische Impulse eingreifen, wenn wir eine universelle Naturkausalität haben?»[67] Mit dieser Frage wird das Mysterium des Grals berührt.

Die Frage «Wer ist der Gral?», auf die Parsifal von Gurnemanz keine Antwort bekommen konnte, wird von Richard Wagner 1865 in seinem für Ludwig II. verfassten Prosaentwurf des *Parzival* (so damals noch die Schreibweise) erläutert: «Der Gral ist die kristallene Trinkschale, aus welcher einst der Heiland, beim letzten Abendmahl, trank und seinen Jüngern zu trinken reichte: Joseph von Arimathia fing in ihr das Blut auf, welches aus der Speerwunde des Erlösers am Kreuze herabfloss. Sie ward als heiligstes Heiligtum lange Zeit der sündigen Welt geheimnisvoll entrückt. Als in rauester, feindseligster Zeit endlich unter der Bedrängnis

66 Lukas 23:44.

67 GA 342, 12.6.1921.

durch die Ungläubigen die heilige Not des Christentums am Höchsten stieg, trieb die Sehnsucht, das wundervoll stärkende Heiligtum, von dem alte Kunde vorhanden war, gottbegeisterte, von heiligem Liebesverlangen ergriffene Helden zum Aufsuchen des Gefäßes, in welchem das Blut des Heilands (*sangue réale*[68] – woraus: San Greal – Sanct Gral – der heilige Gral entstand) lebendig und göttlich belebend sich der heilsbedürftigen Menschheit erhalten hatte. Titurel und seinen Treuen ist das Heiligtum wunderbar entdeckt und in Pflege übergeben worden. Er scharte um sich die heilige Ritterschaft zum Dienst des Grals, baute die Burg Monsalvat in wildem, unnahbar entlegenen Gebirgswald, die Niemandem aufzufinden war, als wer zur Pflege des Grals sich würdig erwies. Seine Wunderkraft bekundete das Heiligtum zunächst dadurch, dass es seine Hüter jeder irdischen Sorge überhob, indem es für Speise und Trank der Gemeinde sorgte. Durch geheimnisvolle Schriftzeichen, welche beim Erglühen des Kristalls an dessen Oberfläche sich zeigten und nur dem würdigen Hüter der Ritterschaft verständlich waren, meldet der Gral die härtesten Bedrängnisse Unschuldiger in der Welt und erteilt seine Weisungen an diejenigen der Ritter, welche zu ihrem Schutze entsendet werden sollen. Die Ausgesandten begabt er mit göttlicher Kraft, so dass sie überall siegen. Den Tod bannt er von seinen Geweihten: wer das göttliche Gefäß erblickt, kann nicht sterben. Nur aber, wer vor den Verlockungen der Sinnenlust sich bewahrt, erhält sich die Kraft des Segens des Grals: nur dem Keuschen offenbart sich die beseligende Macht des Heiligtumes.» Das Mysterium des Grals hängt also für Wagner (anders als bei Wolfram) auf in-

---

68 «Königliches Blut», siehe Kapitel 1.3.

time Weise mit dem Mysterium des Blutes zusammen, das am Karfreitag vom Kreuz floss.

Der christliche Kultus, der seinen besonderen Inhalt durch die Einsetzung des Abendmahls am Gründonnerstag erhalten hat, gründet sich in den Gestalten von Brot und Wein auf das Mysterium des Leibes und des Blutes als einer Polarität. Der Leib als «Tempel des Geistes» ist das Instrument der Inkarnation in die *äußere* physisch-sinnliche Welt. Das lebendig strömende Blut bewegt sich im *Inneren* des Leibes nicht nur als physische Substanz, sondern auch ätherisch. Im strömenden Blut öffnet sich die Sinnlichkeit des Leibes für die übersinnliche Welt. Die beiden Gestalten des christlichen Mysteriums deuten auf ein Gleichgewicht zwischen dem Sinnlichen und dem Übersinnlichen. Im europäischen Mittelalter hat sich das aber allmählich verschoben in der Richtung einer zunehmenden Betonung des Leibes. Ein Zeichen für diese Entwicklung war die Einrichtung des Fronleichnamfestes[69] im Jahre 1264: der «Leib des Herrn», die gewandelte Hostie, wird «gezeigt» in der dafür geschaffenen «Monstranz» und wird in der Fronleichnams-Prozession segnend durch die Flure getragen. Damit verbunden war auch eine Akzentverschiebung im Gottesdienst von der Kommunion hin zur Transsubstantiation: der «Leib des Herrn» war immer weniger auf die Kommunion hin orientiert als gnadenvolle sakramentale Speise, sondern auf den Moment der Wandlung, in dem der Erlöser im Brot «anwesend» und «sichtbar» wurde und angebetet werden konnte. Man kann die Tendenz erkennen, das Mysterium immer mehr sinnlich-greifbar und anschaubar zu gestalten. Eine solche Verehrung des Sichtbaren konnte

---

69 mhd *frôn* = Herr, *lîcham* = lebendiger Leib.

sich nur auf das Brot richten. Der Kelch kam dafür weniger in Betracht, weil in ihm das Blut Christi ja nicht äußerlich sichtbar anwesend war. Zugleich war mit dem Blick auf den Leib auch der Blick auf die *äußere* Welt maßgebend, die *exoterische* Wirklichkeit. Die Reformatoren haben sich später heftig gegen diese Entwicklung gewehrt, für Martin Luther war Fronleichnam das «allerschädlichste» Fest: «An keinem Fest wird Gott und sein Christus mehr gelästert ... denn an diesem Tage und sonderlich mit der Prozession ...»[70] Parallel zu dieser Entwicklung ging die andere, dass die Kommunion für Laien zunehmend nur noch in *einer* Gestalt gereicht wurde, der Brot-Hostie. Der Kelch blieb entsprechend dem Klerus vorbehalten. Um den Menschen klarzumachen, dass sie mit der Brot-Kommunion dennoch den «ganzen» Christus empfangen, wurde der theologische Begriff «Konkomitanz» gebildet, der besagt, dass im Leib Christi das Blut mit enthalten ist und umgekehrt. Die Entwicklung dieser Vermaterialisierung des Abendmahlgedankens, verbunden mit einer einseitigen Betonung des Brot/Leib-Aspektes, hatte ihren Schwerpunkt im 13. Jahrhundert. Und gerade in dieser Zeit war es, dass dann wie eine spirituelle Antwort die Gralserzählung auftauchte, in deren Mitte das Bluts-Mysterium Christi steht. Der Leib ist für den Geist die Brücke in die «äußere», die *exoterische* Welt. Das Blut zwischen physischer und ätherischer Seinsweise bewegt sich «im Inneren» des Leibes und führt den Geist *esoterisch* zur Wirklichkeit. So wird die Frage «Wer ist der Gral?» zur Frage «Was ist esoterisches Christentum?»

---

70 Religion in Geschichte und Gegenwart, 3. Aufl., Bd. 2, S. 1166 («Fronleichnamsfest»).

Deutlich erscheint dieser Aspekt des Bluts-Mysteriums[71] zuerst bei Robert de Boron am Ende des 12. Jahrhunderts in seinem *Roman de l'estoire dou Graal.* Der Gral ist bei ihm der Kelch, der beim letzten Abendmahl verwendet wurde und in dem Joseph von Arimathia das Blut Christi vom Kreuze aufgefangen hat (Kapitel 1.1.). Was für eine Bewandtnis hat es mit diesem Blut? Für eine Annäherung an diese Frage verdanken wir Rudolf Steiner entscheidende Gesichtspunkte: Das Blut des Erlösers, das am Karfreitag in die Erde floss und das im Gralskelch von Joseph von Arimathia aufgefangen wurde, «ätherisierte» sich. Der Begriff «Ätherisieren» spielt in der Anthroposophie eine wichtige Rolle. Dass eine physische Substanz «ätherisiert» wird, das heißt in eine andere – übersinnliche – Seinsweise übergeht, ist ein Gedanke, der sich von Ferne vergleichen lässt mit dem Übergang eines Stoffes in einen anderen Aggregatzustand. Wenn etwa Salz sich in Wasser auflöst und vom festen in den flüssigen Zustand übergeht, verändert es die Seinsweise und verschwindet weitgehend aus der sinnlichen Wahrnehmbarkeit, indem es wie Wasser flüssig, klar und durchsichtig wird. Allenfalls als Geschmack des Wassers (und im veränderten Brechungsindex des Wassers) wäre das Salz als solches noch sinnlich erfahrbar. Über die Ätherisierung des Blutes sagt Rudolf

71 Die Bedeutung dieses wiederholt verwendeten Begriffs ergibt sich unmittelbar aus dem Kontext. Dass er in den dunklen Kapiteln der Rezeptionsgeschichte des *Parsifal* desavouiert worden ist, darf uns nicht hindern, ihn sachgemäß zu verwenden. Wagner hat nach eigenem Verständnis mit dem *Parsifal* «die erhabensten Mysterien des christlichen Glaubens offen in Szene gesetzt». Missverständnisse und Umdeutungen späterer *Parsifal*-Interpretationen können deshalb unbeachtet bleiben.

Steiner: «Der Teil des Blutes, der auf Golgatha aus den Wunden zur Erde floss, ätherisierte sich, wurde wirklich aufgenommen von den Ätherkräften der Erde, so dass das Blut, das damals aus den Wunden floss, zur Äthersubstanz wurde.»[72] Und diese Äthersubstanz bildet jetzt um die Erde herum eine «Äther-Atmosphäre», auf die womöglich Novalis in dichterischer Form verweist, wenn er von «Lebenswind» spricht:

> Endlich kommt zur Erde nieder
> Aller Himmel sel'ges Kind,
> Schaffend im Gesang weht wieder
> Um die Erde Lebenswind ...[73]

In diesem «Lebenswind» wird etwas wirksam vom «Reich Christi», das als Reich der Moralität nicht von dieser Welt ist, aber in dieser Welt wirken kann, wenn Menschen das wollen. Diese Ätherkräfte, das ätherisierte Blut Christi, sind – so führt Rudolf Steiner weiter aus – in Wahrheit moralische Kräfte. Eine frühere Mystik hatte eine Zukunft im Blick, «wo die Erde getaucht sein wird in eine moralische Äther-Atmosphäre. Es stand jener Mystik bereits vor Augen, dass von der Wesenheit, die wir den Christus nennen, dieser moralische Impuls, diese moralische Erden-Atmosphäre ausgehen wird.»[74]

«Wer ist der Gral?» Jetzt können wir sagen: die Substanz des vom Kreuz fließenden und sich ätherisierenden Erlöser-

---

72 GA 148, 10.2.1914.

73 Novalis, aus *Geistliche Lieder.*

74 GA 130, 1.10.1911.

Blutes, das von Joseph von Arimathia nach dem Westen gebracht wird. Es sind ganz neue Ätherkräfte moralischer Natur, die nun in die Obhut von Menschen gegeben werden, um an der Zukunft der Erde zu bilden. Das moralische Reich Christi, das nicht von dieser Welt ist, kann in der Welt wirksam werden, wenn Menschen dafür kämpfen. Die Gralsritter ziehen aus, um kämpfend «Gutes» in der Welt zu tun. Wer sich diesem Kampf unterziehen will, muss zuerst mit dem Kampf gegen sich selbst beginnen, mit dem Ringen darum, sich selbst zu überwinden. Dann beginnt der Kampf in der Welt, um dort in solcher Weise arbeitend und verwandelnd zu wirken, dass das moralische Reich Christi in die Sinneswelt einziehen kann. Das ist ein sinnlich-übersinnlicher Vorgang, von dem Richard Wagner an jenem Karfreitag des Jahres 1857 ein tiefes Erlebnis hatte, das ihn zur Konzeption des Parsifal führte: «Von dem Karfreitags-Gedanken aus konzipierte ich schnell ein ganzes Drama, welches ich, in drei Akte geteilt, sofort mit wenigen Zügen flüchtig skizzierte.» (Kapitel 1.2.) Da bringt Wagner dann die eigentliche Grals-Wirklichkeit – Verwandlung der Erde, das Reich der Moralität zieht in die Sinneswelt ein – als «Karfreitagszauber» zum künstlerischen Erleben:

Wie dünkt mich doch die Aue heut so schön!
Wohl traf ich Wunderblumen an,
die bis zum Haupte süchtig mich umrankten,
doch sah ich nie so mild und zart
die Halme, Blüten und Blumen,
noch duftet' All' so kindisch hold,
und sprach so lieblich traut zu mir.

Für ihren Kampf werden die Gralsritter gestärkt und mit den höchsten moralischen Ätherkräften des Grals begabt. Diese Grals-Kräfte sind selbst schon wie eine Antwort auf die Kardinalfrage: «Wie kann man denn in einer Welt, die sich nach denjenigen Gesetzen vollzieht, die der Naturwissenschaftler heute annehmen muss, wie kann man in einer solchen Welt davon sprechen, dass sich irgendwie ethische Impulse realisieren?» Die Wirklichkeit des Reiches Christi, die in der Welt erst erkämpft werden muss, ist durch die Gnadengabe der Gralsnahrung «schon jetzt» in den Rittern eine Wirklichkeit und stärkt sie für diesen Kampf. Das, wofür sie kämpfen, tragen sie schon in sich, das Reich Christi, Christus selbst, kommt ihnen in diesem Kampf entgegen. Das hat man immer geahnt und im Hinblick auf diese Zukunft, die durch den Menschen erst erstehen soll, von einem zweiten Kommen Christi gesprochen.

Rudolf Steiner schließt in seinen Ausführungen über die Wiederkunft Christi daran an, indem er auch die Musik zum *Parsifal* mit den entsprechenden Begriffen charakterisiert (Kapitel 2.2.):«Die Wagnersche Musik enthält alles das, was an Wahrheiten im ‹Parsifal› liegt. Die Zuhörer empfangen durch die eigentümliche Wagnersche Musik in ihrem Ätherleib ganz besondere Schwingungen. Darin liegt das Geheimnis der Wagnerschen Musik. Man braucht die Dinge gar nicht wirklich zu verstehen, aber man bekommt ihre wohltätigen Wirkungen durch den Ätherleib. Der Ätherleib hängt mit allen Wallungen des Blutes zusammen. Richard Wagner hat das Geheimnis des gereinigten Blutes verstanden. In seinen Melodien liegen die Schwingungen, die im Ätherleibe des Menschen sein müssen, wenn er sich so läutert, wie es nötig ist, um das Geheimnis des Heiligen Gral zu empfangen.»[75] Hier stellt sich die Frage, ob die Beobachtung Steiners, dass der Ätherleib durch die Musik zum *Parsifal* «ganz besondere Schwingungen» empfängt, nicht auf eine große Nähe – ja, Verwandtschaft – zur Speisung der Ritter durch die Äther-Nahrung des Grals hinweist. Dann wäre das Bühnenweihfestspiel Wagners nicht nur eine Darstellung dessen, was sich auf der Gralsburg abspielt, sondern selbst in künstlerischer Form ein Grals-Ereignis – oder eben: Wiederkunftserlebnis. Das ist nicht nur ein individuelles Ereignis für den einzelnen Menschen, sondern heute ein Zeitereignis für alle Menschen (unabhängig davon, ob sie sich Christen nennen). Sie ereignet sich übersinnlich in der Welt des Ätherischen. Wer davon berührt wird, weiß, «wie es um den Christus steht, der da erscheinen wird aus den ätherischen Wolken heraus. Das ist eine Art Wiederkunft des Christus im ätherischen Gewande.»[76]

4.2. Die Krise der Gralsburg

Zwei entscheidende Gedanken in Bezug auf den Menschen liegen der christlichen Religion zugrunde:

- Der Mensch ist aus einem ursprünglichen gottähnlichen Zustand herausgefallen und seither als ein Leidender erlösungsbedürftig.
- Der Erlöser ist erschienen in Raum und Zeit, sein Erlösungswerk ist eine historische Tatsache. Für die leidenden

75 GA 97, 29.7.1906.

76 GA 123, 10.9.1910.

Menschen gibt es seither den Weg zum Heil, d.h. die Hoffnung auf Erlösung.

Der erste Gedanke liegt der Heilsgeschichte der «vorchristlichen» Zeit zugrunde, besonders deutlich in der alttestamentlichen Religion. Da blickte man auf den kommenden Erlöser, den Messias. Der Inhalt der Erlösung war wenig spezifisch – er konnte vieles bedeuten, auch politische Erwartungen (etwa um die Zeitenwende in Israel: Vertreibung der römischen Besatzungsmacht). Die Erlösungserwartung bezog sich letztlich auf «alles» und konnte deshalb ohne innere Widersprüche gepflegt werden.

Der zweite Gedanke bezieht sich auf die «nachchristliche» Zeit und ist in sich – für manche Menschen unerträglich – widersprüchlich: Wenn der Erlöser gekommen ist, warum leben wir dann nicht alle in paradiesischen Verhältnissen? Ist die Welt – und sind die Menschen – wirklich erlöst worden? Sind Weihnachtsfrömmigkeit und Osterjubel nicht große Illusionen? Friedrich Nietzsche hat in diesem Sinn in knappster Form die Christen charakterisiert: «Bessere Lieder müssten sie mir singen, dass ich an ihren Erlöser glauben lerne: erlöster müssten mir seine Jünger aussehen!»[77]

Der Irrtum Nietzsches liegt zunächst darin, dass er den Erlöser dafür verantwortlich macht, wie seine Jünger aussehen. Das könnte er berechtigt nur beim Schöpfer tun: der ist gewiss verantwortlich für das Aussehen seiner Geschöpfe. Aber Erlösung ist nicht Schöpfung, sie geschieht nicht allein durch den Erlöser, sondern gleichermaßen durch den Erlösung Suchenden. Hinter der Schöpfung steht der allmächtige

77 Nietzsche, *Also sprach Zarathustra.*

Gott. Die Macht, die bei der Erlösung wirkt, ist eine andere. Es entspricht einer tiefen Wirklichkeit, wenn im Christentum die Macht der Erlösung nicht im allmächtigen, sondern im «ohnmächtigen Gott» gesehen wird. Nur wo Ohnmacht wirkt, kann Freiheit wachsen. Freiheit ist keine Gabe, auch der allmächtige Gott kann ein freies Wesen nicht «schaffen». Freiheit muss errungen und erkämpft werden – vom zunächst noch unfreien, aber auf Freiheit hin veranlagten Geschöpf, das lernt, sich selbst zu überwinden. Und wenn es – erlösungsbedürftig – den Weg allein nicht schafft? Dann ist nur solche Hilfe hilfreich, die der Freiheit nicht entgegensteht.

Die Erlösungstat auf Golgatha ist vollbracht als eine objektive Tatsache. Seither gibt es diesen geistigen Ort und die Wege, die zu ihm führen. «Ich bin der Weg und die Wahrheit und das Leben. Niemand kommt zum Vater, außer durch mich.»[78] Aber es bedarf auch der Hilfe, damit möglichst viele, die auf Erlösung (Leben) hoffen, den Weg in Freiheit (Wahrheit) finden und gehen können, denn der Weg ist umkämpft. Hier beginnt die Aufgabe der Gralsritter. Sie sollen Hilfe in die Welt bringen, wo sie benötigt wird. Sie ziehen nicht von sich aus erobernd in die Welt, auch nicht geistig erobernd, sondern sie warten «ohnmächtig», bis sie gerufen werden. Die Ritter haben ein Wissen davon, wer *wirklich* Hilfe braucht, denn das zeigt der Gral selber «durch geheimnisvolle Schriftzeichen» an. Dann erst können sie helfen. Richard Wagner beschreibt diesen Prozess in seinem Prosaentwurf von 1865 (Kapitel 4.1.): «Durch geheimnisvolle Schriftzeichen, welche beim Erglühen des Kristalls an dessen Oberfläche sich

78 Johannes 14:6.

zeigten und nur dem würdigen Hüter der Ritterschaft verständlich waren, meldet der Gral die härtesten Bedrängnisse Unschuldiger in der Welt und erteilt seine Weisungen an diejenigen der Ritter, welche zu ihrem Schutze entsendet werden sollen. Die Ausgesandten begabt er mit göttlicher Kraft, so dass sie überall siegen.»

Die Ritter können nur da helfen, wo die Menschen selbst für das Gute kämpfen, wo sie ein Ziel verfolgen, aber die eigenen Kräfte nicht ausreichen. Ob der Mensch siegt, liegt nicht immer in seiner Hand, ob er aber den *Willen* hat zu kämpfen, entscheidet allein er selbst. Was zum Sieg über das Böse an eigenen Kräften noch fehlt, kann durch die Gralsritter ausgeglichen werden. Durch den Gral und seine Ritter wird der *gute Wille* des Menschen gestärkt, so dass er schon jetzt Taten vollbringen kann, die ihm – vielleicht – sonst erst später möglich wären. Es wird ihm nichts geschenkt, aber durch den Gral wird dem noch unentwickelten Teil seines Wesens die hemmende Kraft genommen. So kann der Mensch «mehr» in der Welt bewirken im Sinne des Guten, als es nur seinem normalen Vermögen entspräche. Dieses «Mehr» ist die eigentliche Grals-Gabe. Sie stärkt den Menschen auf seinem Erlösungs-Weg. Und sie dient dem Erlösungswerk Christi selbst, denn es hängt vom Menschen ab, ob Christi Reich der Moralität im Reich des Sinnlichen wirksam werden kann, indem er dem «Guten» dienen will und – durch den Gral – auch dienen kann.

Aber die Wirksamkeit des Grals ist an Bedingungen geknüpft: nur aus der *Ohnmacht* heraus darf der Gral seine «Macht» in der Welt entfalten, nur wenn die Ritter *gerufen* werden, dürfen sie in die Welt ziehen, und nur, wo für das *Gute* gekämpft wird, hat der Gral «Macht». Es gehört zu den schwersten Aufgaben des Mensch-Werdens, die Ich-Kraft in das richtige Verhältnis zur Macht zu bringen. Wirksam in der Welt zu stehen, scheint nur möglich zu sein durch die Ausübung von Macht. Äußere Macht kann die Illusion nähren, die Welt verändern zu können. Aber das im zukünftigen Sinne Wirksame in der Welt lässt sich nicht erzwingen. Dagegen hat der Gralskönig Amfortas verstoßen. Er wollte den Frieden um die Gralsburg erzwingen und seinen Gegner Klingsor mit Hilfe des Gralsspeeres äußerlich besiegen. Wer wollte ihm das verübeln und verwehren? – so fragt selbst Gurnemanz.

Oh, wundenwundervoller,
heiliger Speer!
Dich sah ich schwingen
von unheiligster Hand!
Mit ihm bewehrt, Amfortas, Allzukühner,
wer mochte dir es wehren
den Zaub'rer zu beheeren?

Amfortas kämpfte nicht aus der Ohnmacht, er führte den Gralsspeer mit sich um des äußeren Sieges willen. Er wurde zu diesem Kampf nicht (vom Gral) gerufen, er führte ihn aus eigenem Willen. Und schließlich kämpfte er nicht *für* das Gute, sondern *gegen* das Böse – und das war stärker als er. So verliert er in diesem äußeren Macht-Kampf den Gralsspeer und seine moralische Integrität und trägt darüber hinaus die Wunde, die nie verheilt. Er ist für den Gralsdienst «unwürdig» geworden – und muss ihn dennoch verrichten. Das ist die Krise der Gralsburg, der Zustand, in dem wir sie kennenlernen. Für das Erlösungswerk ist diese Krise eine apokalyptische Katastrophe: Der Grundstein des Erlösungswerkes ist das Mysterium von Golgatha; der Anfang ist gemacht, dass das Reich Christi in der Sinneswelt wirken kann. Doch nur dann kann die Erlösung wirksam werden, wenn die Menschen sie aus eigenem Willen ergreifen. Dann tritt der überforderte Mensch in Erscheinung und die – in sich widersprüchliche – Frage stellt sich: Wie kann dem Menschen *geholfen werden*, seinen *eigenen* Willen zu finden? Die Antwort findet sich, wenn der Erlöser dem Menschen «entgegenkommt» und dann, im Ereignis der «Wiederkunft Christi», die Menschen mehr beitragen und bewirken können, als zunächst ihrer Kraft entspricht. Das ist der zweite Akt Gottes im christlichen Erlösungswerk: Grals-Christentum.

Wenn aber die Grals-Hüter in ihrem Dienst ebenfalls überfordert sind, dann gibt es für die Menschen draußen keine Hilfe mehr, den Weg zu sich selbst zu gehen. – Woher soll für die Gralsburg Hilfe kommen? Einen dritten Schritt Gottes im Erlösungswerk gibt es nicht, jetzt können sich die Menschen nur noch selbst helfen. Aber wie? Auf der Gralsburg herrscht Erstarrung: Amfortas kann sich selbst am wenigsten helfen, er leidet an der eigenen Unwürdigkeit und an den Schmerzen der Wunde. Seine Schmerzen zu lindern, versuchen die Anderen – durch alle nur denkbaren Mittel – vergeblich. Die Kräfte, die Krise der Gralsburg zu überwinden, finden sich auf der Gralsburg nicht. Hilfe muss von außerhalb kommen – von wo? Durch wen?

4.3. «Durch Mitleid wissend, der reine Tor»

Amfortas hat seinen Kampf mit Klingsor nicht nach den Regeln der Gralsritter aufgenommen, denn er war nicht vom

Gral in Klingsors Zaubergarten gerufen worden. Er hat den Kampf verloren und muss nun die Folgen tragen. Und doch ist ihm dieser verlorene Kampf zu einem entscheidend wichtigen Erlebnis geworden: er hat am eigenen Leib Klingsors Magie erfahren und kennt sie nun. Er versteht tiefer, warum viele Gralsritter bisher Klingsor verfallen konnten. Für den Herrscher auf der Gralsburg ist solches Verstehen von größter Bedeutung. Dem Leid, das ihm aus der Erfahrung in Klingsors Zaubergarten erwuchs, könnte in solcher Weise ein großer Erkenntnis-Gewinn gegenüberstehen. Allgemeiner gesagt: Wenn man – rückschauend – erkennt, dass man von den eigentlichen Lebenspfaden abgewichen ist, weil in bestimmten Momenten Irrtum, Illusion oder Unreinheit das Entscheidende waren, ist in einem solchen Rückschau-Moment der Gedanke wichtig, dass Abirrungen der «Rohstoff» sein können für ein künftiges Gut. Eine Skizze dieses Gedankens könnte so formuliert werden, wie es von Friedrich Benesch überliefert ist:

«Die wirkliche Wahrheit ist nicht die Wahrheit,
sondern der überwundene Irrtum.
Und die wahre Wirklichkeit ist nicht die Wirklichkeit,
sondern die überwundene Illusion.
Und die wirkliche Reinheit ist nicht die ursprüngliche Reinheit,
sondern die geläuterte Unreinheit.
Und das wahrhaft Gute ist nicht das ursprünglich Gute,
sondern das überwundene Böse.

Das gilt für das ganze Weltall – auch für die Götter.

Denn auf dem Wege,
auf dem Böses umgewandelt wird,
kann sich etwas entwickeln,
was ursprünglich gar nicht in dem Guten enthalten war.

Dadurch, dass Gott sich die Widersacher geschaffen hat,
hat er sich gezwungen,
sein tiefstes Wesen noch anders zu offenbaren,
als er es ohne sie hätte tun können.»[79]

In einfachen Worten wird hier ausgesprochen, was man tief berechtigt auch «Vergangenheitsbewältigung» nennen könnte. Es gibt eine Schicksals-umwandelnde Kraft, die hier charakterisiert ist als «Überwindung» – und die immer ihren Ausgang nimmt bei der Selbst-Überwindung. Wo der Blick auf diese Kraft nicht möglich ist, kommt es bei der Beurteilung der eigenen («Fehl»-)Handlungen leicht zu einer inneren Ablehnung der Vergangenheit und dem Wunsch, etwas ungeschehen machen zu wollen, was geschehen ist und man nun bereut. Diese «negative Reue» trägt wenig zur Vergangenheitsbewältigung bei – im Gegenteil kann in ihr sogar die Gefahr einer gewissen Lähmung liegen im Blick auf die Vergangenheit. Rudolf Steiner hat dieser Art von Reue (etwas ungeschehen machen zu wollen, was geschehen ist) eine innere Tätigkeit der Seele gegenübergestellt, die in die Zukunft orientiert ist, indem sie zugleich die Vergangenheit verarbeitet und verwandelt: *Lernen.* In knappen Worten hat er das gegenüber Menschen, die eine innere Schulung suchten,

---

79 Hans-Werner Schroeder, *Friedrich Benesch – Leben und Werk*, Stuttgart 2007, S. 218.

einmal so ausgesprochen: «Nicht Reue soll man entwickeln. Diese ist für die eigene Persönlichkeit und für die Welt wertlos. Aber lernen sollen wir jeden Tag aus unserer Vergangenheit für unsere Zukunft, und so das Leben zu einer Lektion machen.»[80]

Nun fragen wir uns: Sollte das nicht auch für Amfortas gelten? Dürfen wir nicht erwarten, dass Amfortas aus seiner biographischen Abirrung nicht nur als Leidender (an sich selbst), sondern auch als Lernender (für die Zukunft) hervorgeht? Dem Lernenden aber werden die Schicksalswunden heilen. Doch Amfortas trägt eine Wunde anderer Art. Von Gurnemanz hören wir: «... Des Königs Flucht gab kämpfend ich Geleite; doch eine Wunde brannt ihm in der Seite, die Wunde ist's, die nie sich schließen will.» Was sind Schicksalswunden, die sich nie schließen? Heißt das: Es gibt keine Vergangenheitsbewältigung, keine Aufarbeitung des Geschehens? Müssen wir das so deuten, dass es für die Tat des Amfortas keine Möglichkeit der Schicksalsumwandlung gibt?

Tatsächlich hat Amfortas durch seine Abirrung in Klingsors Zaubergarten einen Verlust erlitten, der es ihm nicht möglich macht, als Lernender aus diesem Geschehen hervorzugehen. «Lernen» ist eine menschliche Fähigkeit, eine Aktivität des Ich. (Das Tier kann nicht lernen, sondern wird allein durch äußeren Einfluss – Konditionierung, Dressur – sein Verhalten ändern.) Biographische Wunden können heilen, wenn das Ich aktiv die gemachten Erfahrungen durcharbeitet, das heißt wenn es *lernt.* Im mythischen Bild erscheint das tätige und in die Welt wirkende Ich als *Speer.*

---

80 GA 264, 1904, S. 148.

Den Speer aber hatte Amfortas an Klingsor verloren. Es war noch nicht einmal sein persönlich-«eigener» Speer, es war der «Menschheits»-Speer, der am Kreuz den Leib des Erlösers geöffnet hatte – die Wunde, aus der, sich ätherisierend, sein Blut floss – in die Gralsschale aufgenommen und eine «moralische Äther-Atmosphäre» um die Erde bildend. Gralsschale und Gralsspeer gehören zusammen wie das weibliche und das männliche Prinzip in der Welt. Durch den Verlust des Gralsspeers war den Gralsrittern ihre geistige Kraft eingebrochen. Und die Kraft, durch die alle Wunden heilen, die Ich-Kraft, war eine Beute Klingsors geworden. Erst wenn der Ich-Speer aus Klingsors Burg wieder errungen und zurückgebracht wird, kann die Wunde heilen, kann Amfortas Weisheit aus der Erfahrung gewinnen. Ihm selbst aber wird diese Tat nicht möglich sein. Er ist vollständig abhängig und erfährt so den übergroßen Schmerz des rein passiven Leidens. Wer sollte ihn aus dieser Gefangenschaft im eigenen Schicksal erlösen? Die Antwort ist von herausfordernder Knappheit: «Durch Mitleid wissend, der reine Tor!» Man kann auch sagen: ein Mensch, der in allem das Gegenteil von Amfortas ist.

Amfortas ist König einer Ritterschaft, die bis an die Grenzen der bewohnten Erde wirkt. Er kennt die Welt und hat vieles erfahren. Aber jede Sinneserfahrung nimmt dem Menschen auch etwas von seiner Unschuld. Irrtum, Illusion, Unreinheit werden selbst Inhalt der Erfahrung. In der Überwindung seiner Abirrungen aber kann der Mensch Weisheit gewinnen. Das liegt schon in den zitierten Worten Friedrich Beneschs und wird in den Mysteriendramen Rudolf Steiners vom Hüter der Schwelle ausgesprochen: «Es darf die Seele niemals stürzen wollen; doch muss sie Weisheit aus dem

Sturze holen.»[81] Eine solche Seele lebt in Amfortas. Sie erlebt zuletzt noch, dass es auch einen Sturz geben kann, aus dem sie selbst aus sich heraus *nicht mehr* Weisheit holen kann – der allergrößte Schmerz. Ein *Anderer* wird die Weisheit aus dem Sturz des Amfortas gewinnen und ihn dadurch erlösen.

Der ihn erlösen soll, ist völlig unerfahren – ein *reiner Tor*. Wie soll er Weisheit gewinnen als «Tor» ohne Erfahrung? Und wie soll er Weisheit gewinnen ohne die Möglichkeit, sie vielleicht auch aus dem Sturz zu holen und dann nicht mehr «rein» zu sein? Er wird sich in die Erfahrung des anderen Menschen so hineinleben und hineinfühlen, dass er ihn «versteht». Aber er wird nicht bei der Erfahrung beginnen, sondern den Weg des Verstehens in umgekehrter Folge gehen, er wird bei den Konsequenzen beginnen. Für Amfortas ist sein Leiden die Konsequenz seiner Erfahrung in Klingsors Zaubergarten. Für Parsifal steht umgekehrt das Leiden des Amfortas am *Anfang* seines Weges bis zum vollen Verständnis der Erfahrung. Sein Weg beginnt beim Mit-Leiden, d.h. *mit Amfortas* leiden. Gemeint ist hier nicht das manchmal etwas herablassende Mitleid dessen, der glücklicherweise nicht selbst leiden muss, sondern das tatsächlich schmerzvolle Leiden dessen, der fremdes Leid als sein eigenes erlebt. Er ist damit auf einem Weg, an dessen Ende *das volle Verständnis* der Erfahrung und Tat aufleuchtet, deren Konsequenz er als Leid des anderen Menschen erlebt. Amfortas kann nicht «Weisheit aus dem Sturze holen». Das ist sein übermenschliches Leiden. Aber gerade dieses Leiden ist es, aus dem Parsifal, «der reine Tor», die Weisheit gewinnen kann – «durch Mit-Leid wissend» – und Amfortas aus seinen Schicksalsfesseln

---

81 Rudolf Steiner, *Der Seelen Erwachen*, sechstes Bild.

befreien. Rudolf Steiner weist auf dieses eigentliche Mitleid als der wahren christlichen Substanz des sozialen Lebens, die mit dem Blut auf Golgatha als Grals-Mysterium verbunden ist: «... Dass es so sein kann, dass die Menschheit allmählich dazu kommen kann, dass der Schmerz, der in dem andern lebt, uns nicht selber meidet, sondern in uns fortwebt, dazu ist Christi Blut auf Golgatha geflossen.» [82] Spruchartig von ihm zusammengefasst:

> So lang du den Schmerz erfühlest,
> Der mich meidet,
> Ist Christus unerkannt
> Im Weltenwesen wirkend;
> Denn schwach nur bleibt der Geist,
> Wenn er allein im eignen Leibe
> Des Leidesfühlens mächtig ist.

4.4. Amfortas

Durch einen gewaltigen Verdichtungsprozess wird bei Wagner die Handlung des *Parsifal* von nur sechs Personen getragen: Amfortas – Parsifal – Kundry – Klingsor – Gurnemanz – Titurel. Im engeren Sinn wird der Prozess der Handlung sogar nur von den drei ersten getragen, deren Schicksale zugleich eng miteinander verflochten sind. Die anderen sind in Bezug auf den Handlungsfortgang Statisten, Klingsor ist der dramatischste unter ihnen, Gurnemanz und Titurel haben musikalisch kein eigenes Motiv.

---

82 GA 157, 1.9.1914.

Das ist kein Zufall. Wagner hatte von Anfang an die Aufgabe des «Zusammendrängens» vor sich gesehen, wenn er den überlieferten Stoff in ein Verhältnis bringen wollte zur Gesamtkonzeption, wie sie seit jenem Karfreitag des Jahres 1857 deutlich vor ihm stand. Davon legt er Zeugnis ab in einem Brief an Mathilde Wesendonck – und resigniert zugleich: «Ich muss Alles in drei Hauptsituationen von drastischem Gehalt so zusammendrängen, dass doch der tiefe und verzweigte Inhalt klar und deutlich hervortritt; denn so zu wirken und darzustellen, das ist nun einmal meine Kunst. Und – solch eine Arbeit sollte ich mir noch vornehmen? Gott soll mich bewahren!»[83] Ein Jahr später hat er die Resignation überwunden, er sieht eine Möglichkeit, das Ganze doch zu gestalten: «Viel ist wieder der Parzival in mir wach gewesen; ich sehe immer mehr und heller darin; wenn Alles einmal ganz reif in mir ist, muss die Ausführung dieser Dichtung ein unerhörter Genuss für mich werden. Aber da können noch gute Jahre darüber hin gehen! Auch möchte ich's einmal bei der Dichtung allein bewenden lassen.»[84] Das «Zusammendrängen» des Stoffes entspricht der Grundintention seines Schaffens: «Das ist nun einmal meine Kunst.» Aber hier zeigt sich auch, wie sehr *der Dichter* in ihm ein ganz eigenständiges und unabhängiges Dasein führt neben dem Musiker: Das vorherrschende Engagement Wagners für den Parzival-Stoff geht vom Dichter aus, nicht vom Musiker!

Bei der Ausgestaltung der Figuren des Dramas sieht Wagner ein dramaturgisches Problem, das schwer lösbar erscheint. Im Allgemeinen hat jedes Drama seinen «Titel-

---

83 An Mathilde Wesendonck, 30. Mai 1859.

84 An Mathilde Wesendonck, 10. August 1860.

helden», im Fall der Gralssage ist das offensichtlich Parzival. Überraschenderweise sieht Wagner aber gleichberechtigt, ja sogar noch vordergründiger in Amfortas die zentrale Gestalt des Dramas, was komplizierte Fragen nach sich zieht. «Genau betrachtet ist Anfortas[85] der Mittelpunkt und Hauptgegenstand … [Parzival aber] ist unerlässlich nötig als der ersehnte Erlöser des Anfortas: soll Anfortas aber in das wahre, ihm gebührende Licht gestellt werden, so wird er von so ungeheuer tragischem Interesse, dass es fast mehr als schwer wird, ein zweites Hauptinteresse gegen ihn aufkommen zu lassen, und doch müsste dieses Hauptinteresse sich dem Parzival zuwenden, wenn er nicht als kalt lassender *Deus ex machina* eben nur schließlich hinzutreten sollte. Somit ist Parzivals Entwickelung, seine erhabenste Läuterung, wenn auch prädestiniert durch sein ganzes sinniges, tief mitleidsvolles Naturell, wieder in den Vordergrund zu stellen.»[86] Wie Wagner diese von ihm erlebte dramaturgische Spannung gelöst hat, kann an der fertigen Dichtung beurteilt werden.

Bevor Amfortas im I. Akt auf der Bühne erscheint, ist sein Kommen schon vorbereitet: er steht bei allem, was auf der Gralsburg geschieht, im Mittelpunkt als der Leidende. Die erste Frage, vor allen anderen, die den Boten von der Gralsburg gilt: «Wie geht's Amfortas heut?» Und dann die Nachricht: alle von überall herbeigeschafften Mittel und Kräuter haben wiederum keine Linderung gebracht! Gurnemanz fasst zusammen, was die eigentliche Realität um das Siechtum von Amfortas ist: «Toren wir, auf Lind'rung da zu hof-

85 Wagner schreibt zu dieser Zeit noch «Anfortas».

86 An Mathilde Wesendonck, 30. Mai 1859.

fen, wo einzig Heilung lindert! Nach allen Kräutern, allen Tränken forscht und jagt weit durch die Welt – ihm hilft nur Eines, nur *der Eine!*» Dann wird Amfortas gebracht, getragen auf dem «Siechbett». Das Bild spricht eine klare Sprache: unfähig, selbst zu handeln, ist er ganz abhängig geworden und muss von Anderen getragen werden. Der Ich-Speer ist ihm abhandengekommen. So kann er sein eigenes Profil nicht zeigen und spricht nur wenig. Das Profil seines Wesens entsteht allein durch die Anderen, durch das, was über ihn und von ihm erzählt wird. Die ersten Worte von ihm selbst beziehen sich auf seinen Schmerz. Wir hören sie, als auf dem Weg zum See das Siechbett zu kurzer Rast niedergestellt wird: «Recht so! Habt Dank! – Ein wenig Rast. Nach wilder Schmerzensnacht nun Waldes Morgenpracht! Im heil'gen See wohl labt mich auch die Welle: es staunt das Weh, die Schmerzensnacht wird helle.» Aber dann hören wir aus seinem Mund auch zum ersten Mal die Verheißung, die als geheimnisvolle Schrift – nur von ihm selbst zu entziffern – am Gral erschienen war und ihn nun sagen lässt:

«Ich harre des, der mir beschieden: ‹durch Mitleid wissend› – war's nicht so? –

(GURNEMANZ: Uns sagtest du es so.)

‹der reine Tor›. Mich dünkt ihn zu erkennen: dürft ich den Tod ihn nennen!»

Die einzige erlösende Macht, die Amfortas sich noch vorstellen kann, ist der Tod.

Indem Amfortas weiter zum Bad im See getragen wird, spricht Gurnemanz über ihn und zeichnet sein Profil, zunächst durch die Geschichte von Klingsor: Dieser lebte einst jenseits im Tal als Einsiedler und Büßer, er wollte Gralsritter werden. Aber «ohnmächtig, in sich selbst die Sünde zu ertöten, an sich legt er die Frevlerhand, die nun, dem Grale zugewandt, verachtungsvoll des Hüter von sich stieß. Darob die Wut nun Klingsorn unterwies, wie seines schmähl'chen Opfers Tat ihm gäb zu bösem Zauber Rat: den fand er nun. Die Wüste schuf er sich zum Wonnegarten; drin wachsen teuflisch holde Frauen, dort will des Grales Ritter er erwarten zu böser Lust und Höllengrauen: wen er verlockt, hat er erworben, schon Viele hat er uns verdorben.» Als Amfortas Titurel im Amt des Gralskönigs folgte, beschloss er, Klingsor zu bekämpfen (Kapitel 4.2.). Gurnemanz, der ihn begleitet, erinnert sich in innerlicher Schau des Gralsspeers: «Oh, wundenwundervoller, heiliger Speer! Dich sah ich schwingen von unheiligster Hand! Mit ihm bewehrt, Amfortas, Allzukühner, wer mochte dir es wehren den Zaub'rer zu beheeren? Schon nah dem Schloss – wird uns der Held entrückt: ein furchtbar schönes Weib hat ihn entzückt; in seinen Armen liegt er trunken, der Speer – ist ihm entsunken. Ein Todesschrei! – ich stürm herbei: von dannen Klingsor lachend schwand: den heil'gen Speer hat' er entwandt. Des Königs Flucht gab kämpfend ich Geleite; doch eine Wunde brannt ihm in der Seite, die Wunde ist's, die nie sich schließen will.» Was von Klingsor in Bezug auf die Gralsritter gesagt ist, gilt nun auch für den Gralskönig: «Wen er verlockt, hat er erworben, schon Viele hat er uns verdorben.»

Mit diesem Wissen begegnen wir – jetzt im «mächtigen Saal der Gralsburg» – Amfortas wieder, dem Hüter des Grals, der den Auftrag und die Pflicht hat, die Enthüllung des Grals zu zelebrieren. Es sind die denkbar größten Gegensätze, die hier aufeinanderprallen:

- Durch den gleichen *Speer*, der des Erlösers Wunde geöffnet hat, wurde auch ihm, dem Sünder, die Wunde geschlagen.
- Er trägt die *Seitenwunde* – wie der Erlöser. Aus der Wunde des Erlösers fließt das Blut «aus mitleidender Liebe für die jammervolle, sündige Menschheit». Ihm aber, «dem sündigen Hüter des göttlichen Erlösungsbalsams, [entströmt] das heiße Sündenblut unversiegbar zur ewigen Mahnung an seinen Frevel!»[87]
- Das größte Glück der Anderen – die *Enthüllung des Grals* – bereitet ihm, dem Hüter des Grals, die größte Pein. Er will sterben und ersehnt die Erlösung von seinen Qualen im Tod – aber der Anblick des Grals gibt ihm Leben. So will er den Gral nicht mehr enthüllen – aber er *muss* es tun «um seines Gelübdes willen» und – *sehnt* sich zugleich danach: es «zwingt ihn auch die inbrünstige Sehnsucht der Seele dazu, von Neuem sich in diesen segenvollen Anblick zu verlieren ..., beseligend – und zermalmend.»[88]
- Warum hat das Schicksal ihn, den «*Unwürdigsten* aller», in diese Aufgabe gestellt? Wagners Antwort: «weil er so *würdig* war, weil Keiner wie er tief und innig das Wunder des Grals erkannt, wie noch jetzt seine ganze Seele endlich immer wieder nach dem Anblicke drängt, der ihn in Anbetung vernichtet, himmlisches Heil mit ewiger Verdammnis gewährt!»[89]
- Die segensvolle Wirkung des Grals für die anderen wird ihm zur Quelle erneuten Leidens, denn seine Wunde öff-

87 Prosaentwurf von 1865.

88 Ebd.

89 An Mathilde Wesendonck, 30. Mai 1859.

> net sich durch den Gral erneut: «Denn, ach! jetzt, wenn das *himmlische Blut* des Erlösers segenvoll in sein eigenes Herz sich ergießt, wie muss vor der göttlichen Berührung da sein eigenes *frevelhaftes Blut* sich flüchten! Das sündenvolle drängt sich verzweiflungsvoll scheu aus dem Herzen, sprengt die Wunde von Neuem und ergießt sich in die Welt der Sünde.» [90]

Der Schmerz der Wunde ist das eine – aber der tiefere, unerträglichere, der eigentliche Schmerz ist ein anderer. Im Bild der äußeren Ähnlichkeit mit dem Erlöser drängt umso unausweichlicher die Wirklichkeit der abgründigen Distanz in sein Bewusstsein. «Er ist der Erlesene, der das Wundergefäß zu pflegen hat: er und kein Anderer hat den heiligen Zauber zu üben, der die ganze Ritterschaft erquickt, stärkt und leitet, während nur Er einzig zu leiden hat, zu leiden um des schrecklichsten Selbstvorwurfes willen, sein Gelübde verraten zu haben. Er, der Unwürdigste aller, muss täglich – zu seiner furchtbaren Strafe, das heilige Gefäß berühren: auf sein Gebet muss der göttliche Inhalt der Schale in leuchtendem Purpur fließen, auf sein Fürwort sich der nährende Segen den geweihten Rittern erschließen.»[91] In der endgültigen Fassung des *Parsifal* steigert Wagner noch einmal die Klage des Amfortas: «Oh! dass keiner, keiner diese Qual ermisst, die mir der Anblick weckt, der euch entzückt! Was ist die Wunde, ihrer Schmerzen Wut, gegen die Not, die Höllenpein, zu diesem Amt – verdammt zu sein! Wehvolles Erbe, dem ich verfallen, ich – einz'ger Sünder unter Allen – des höchsten Hei-

90 Prosaentwurf von 1865.

91 Ebd.

ligtums zu pflegen, auf Reine herabzuflehen seinen Segen! – Oh, Strafe! Strafe ohne Gleichen des, ach! – gekränkten Gnadenreichen! – Nach ihm, nach seinem Weihegruße muss sehnlich mich's verlangen; aus tiefster Seele Heilesbuße zu ihm muss ich gelangen.»

Der Schleier beginnt sich zu heben: Der eigentlich Leidende im Leiden des Amfortas ist der Erlöser selbst, der «gekränkte Gnadenreiche». Parsifal ist Zeuge dieser Szene – und später steigt in ihm auf, was er erlebt hat:

> «Des Heilands Klage da vernehm ich,
> die Klage, ach, die Klage
> um das entweihte Heiligtum:
> ‹Erlöse, rette mich
> aus schuldbefleckten Händen!›
> So rief die Gottesklage
> furchtbar laut mir in die Seele.»

Der Erlöser ruft nach Erlösung – die Qual wird für Amfortas übergroß: «Erbarmen! Erbarmen! Du Allerbarmer! Ach, Erbarmen! Nimm mir mein Erbe, schließe die Wunde, dass heilig ich sterbe, rein dir gesunde!» Doch dann zelebriert Amfortas – dennoch – in «begeisterungsvoller Erhebung» die Enthüllung des Grals, an die sich das Mahl anschließt. Dann ist Amfortas aus seiner Erhebung allmählich wieder herabgesunken: «Er neigt das Haupt und hält die Hand auf die Wunde. Die Knaben nähern sich ihm; ihre Bewegungen deuten auf *das erneute Bluten der Wunde:* sie pflegen Amfortas, geleiten ihn wieder auf die Sänfte, und, während alle sich zum Aufbruch rüsten, tragen sie, in der Ordnung wie sie kamen, Amfortas und den heiligen Schrein wieder von dannen.»

4.5. Parsifal

Parsifal ist wie eine polare Erscheinung zu Amfortas. Was Amfortas vor allem charakterisiert, sind seine *Tat* und die daraus für ihn und die Gralsburg hervorgehenden Leidens-Folgen: die Wunde und der Verlust des Gralsspeeres. Sein Schicksal ist durch die *Vergangenheit* geprägt. Das Bild von Parsifals Charakter ist ganz anders: nicht durch die Tat entsteht es, sondern durch eine Prophezeiung: «Durch Mitleid wissend, der reine Tor.» Es besteht schon, ehe er auftritt, und die diesem Bild entsprechenden Taten müssen erst noch vollbracht werden. Diese Erwartungen prägen sein Schicksal von der *Zukunft* her. In jedem Menschen sind sein Vergangenheits- und Zukunftsschicksal aufeinander bezogen. Ähnlich aufeinander bezogen erscheinen Amfortas und Parsifal.

Das erste Auftreten Parsifals geschieht dennoch durch eine Tat: er tötet mit seinem Pfeil den Schwan, der über den See fliegt – ein Sakrileg auf Gralsgebiet, wo die Tiere heilig sind. Doch weiß er nicht, was er getan hat, er ist gänzlich unerfahren mit der Welt – ein Tor. Dennoch hat auch für ihn die Tat Folgen, wenn auch anderer Art als bei Amfortas. Nicht Leiden ist für Parsifal die Folge, sondern Erwachen. Er kennt noch keine Gewissensregungen, er weiß noch nicht, was Schuld ist, er hat noch kein verantwortliches Verhältnis zur Welt. Dafür muss er noch aufwachen. Gurnemanz hilft ihm dazu: «Du tatest das? Und bangt es dich nicht vor der Tat? … Unerhörtes Werk! Du konntest morden, hier, im heil'gen Walde, des stiller Frieden dich umfing? Des Haines Tiere nahten dir nicht zahm? Grüßten dich freundlich und fromm? Aus den Zweigen, was sangen die Vöglein dir? Was tat dir der treue Schwan? Sein Weibchen zu suchen flog der auf, mit ihm zu kreisen über dem See, den so er herrlich weihte zum Bad. Dem stauntest du nicht? Dich lockt es nur zu wild kindischem Bogengeschoss? Er war uns hold: was ist er nun dir? Hier – schau her! – hier trafst du ihn; – da starrt noch das Blut, matt hängen die Flügel; – das Schneegefieder dunkel befleckt? Gebrochen das Aug' – siehst du den Blick? Wirst deiner Sündentat du inne? Sag, Knab' – erkennst du deine große Schuld? Wie konntest du sie begehn?»

«Parsifal hat Gurnemanz mit wachsender Ergriffenheit zugehört, jetzt zerbricht er seinen Bogen, schleudert die Pfeile von sich …, führt die Hand über die Augen.» Ein erstes Erwachen regt sich: er steht in einem Verhältnis *zur Welt* und hat Verantwortung in der Welt.

Eine nächste Stufe des Erwachens folgt – jetzt *zu sich selbst.* Immer ist die Frage «wer bin ich?» verbunden mit der Frage «wo komme ich her?». Auch hier leitet ihn zunächst Gurnemanz: Er fragt ihn nach seiner Herkunft, nach seinem Vater, nach seinem Auftrag – und immer antwortet Parsifal: «Das weiß ich nicht.» Schließlich die Frage nach seinem Namen: «Ich hatte viele, doch weiß ich keinen mehr.» Parsifal hat noch kein Bewusstsein von sich selbst und auch kein Verhältnis zu sich – er kennt seinen Namen nicht. Aber etwas muss er doch wissen! «Ich hab eine Mutter; Herzeleide sie heißt. Im Wald und auf wilder Aue waren wir heim.» Jetzt beginnt anfänglich das erste erinnernde Erwachen zu sich selbst – verbunden mit der Erinnerung an die Mutter. Aber weiter kommt Gurnemanz mit ihm nicht. Da greift Kundry ein, die sich abseits gelagert, nun aber «den Blick scharf auf Parsifal gerichtet hat». «Mit rauer Stimme» ruft sie ihm die entscheidenden Momente seiner Herkunft zu: «Den Vaterlosen gebar die Mutter, als im Kampf erschlagen Gamuret; vor gleichem frühem Heldentod den Sohn zu wahren, waffenfremd in Öden erzog sie ihn zum Toren: – die Törin!» Parsifal hat «mit jäher Aufmerksamkeit zugehört» und erinnert sich nun, bewegt durch diese Mitteilung, auch an die Umstände, unter denen er – unwissend und ohne Absicht – von der Mutter weggelaufen war: «Durch Wildnisse kam ich, bergauf, talab; oft ward es Nacht, dann wieder Tag: mein Bogen musste mir frommen gegen Wild und große Männer ...» Kundry bestätigt: «Ja! Schächer und Riesen traf seine Kraft; den freislichen[92] Knaben fürchten sie Alle.»

PARSIFAL.
Wer fürchtet mich? Sag!
KUNDRY.
Die Bösen.
PARSIFAL.
Die mich bedrohten, waren sie bös?
Wer ist gut?

Der Moment, in dem Parsifal sich seiner selbst bewusst wird, ist zugleich der Moment, wo die Frage nach Gut und Böse auftaucht, wo der Anfang gemacht ist, das Paradies zu verlassen. Noch ist er «reiner Tor», aber er hat begonnen, ein erstes Verhältnis zur Welt und zu sich selbst zu begründen, und beginnt dadurch weltfähig zu werden. Wer zu sich selbst und zur Welt eine Beziehung entwickelt, kann mit der Welt auch leiden, kann Mit-Leid empfinden. Für Gurnemanz stellt sich

---

92 freislich = kämpferisch, kraftvoll.

jetzt die Frage, ob Parsifal im Sinne der Grals-Prophezeiung mehr ist als nur der «reine Tor». Er führt Parsifal deshalb in die «andere Welt» des Grals. «Nun lass zum frommen Mahle mich dich geleiten; denn bist du rein, wird nun der Gral dich tränken und speisen.» Es ist ein wirklicher Schwellenübergang in das Reich des Ätherischen, in dem der Gral seine Wirklichkeit hat (Kapitel 4.1.). Das ist die Welt der Zeit, wo alles «gleichzeitig» anschaubar ist[93], wie in der Sinneswelt die Dinge im Raum. Was Parsifal erlebt – «ich schreite kaum, doch wähn ich mich schon weit» – beantwortet Gurnemanz: «Du siehst, mein Sohn, zum Raum wird hier die Zeit.» Und dann, bevor sie «den mächtigen Saal der Gralsburg» betreten, spricht Gurnemanz klar seine Erwartung und Hoffnung aus, dass Parsifal nicht nur «reiner Tor» ist: «Jetzt achte wohl, und lass mich sehn: bist du ein Tor und rein, welch Wissen dir auch mag beschieden sein.»

Und dann wird Parsifal Zeuge der Feier des Gralsmahles, das Amfortas, der sich zunächst heftig dagegen wehrt, den Gral zu enthüllen, dann doch zelebriert. Er hört seine herzzerreißende Klage: «Erbarmen! Erbarmen! Du Allerbarmer! Ach, Erbarmen! Nimm mir mein Erbe, schließe die Wunde, dass heilig ich sterbe, rein dir gesunde!» – Was geht in ihm da vor? Während der Klage des Amfortas «macht er eine heftige Bewegung nach dem Herzen, welches er krampfhaft eine Zeitlang gefasst hält». – Dann kommt das Leuchten des Grals: «Ein blendender Lichtstrahl dringt von oben auf die Kristallschale herab; diese erglüht sodann immer stärker in

93 Von einem solchen Bewusstsein der Gleichzeitigkeit, wo die ganze Biographie wie ein Panorama vor der Anschauung steht, wird heute in den Berichten von Nahtod-Erfahrungen gesprochen.

leuchtender Purpurfarbe, alles sanft bestrahlend. Amfortas, mit verklärter Miene, erhebt den ‹Gral› hoch und schwenkt ihn sanft nach allen Seiten, worauf er damit Brot und Wein segnet. Alles ist auf den Knien.» Dann lassen sich die Ritter zum Mahl nieder, so auch Gurnemanz, welcher einen Platz neben sich leer hält und Parsifal durch ein Zeichen zur Teilnahme am Mahl einlädt. Doch «Parsifal bleibt starr und stumm, wie gänzlich entrückt, zur Seite stehen».

Die letzten Ritter und Knappen haben den Saal verlassen: die Türen werden geschlossen. Parsifal steht noch wie erstarrt, regungslos da. – Gurnemanz tritt missmutig an ihn heran und rüttelt ihn am Arm: «Was stehst du noch da? Weißt du, was du sahst?»

Parsifal fasst sich krampfhaft am Herzen – und schüttelt dann ein wenig mit dem Haupte.

Tiefe Enttäuschung – die anfängliche Hoffnung, dass Parsifal im Sinne der Grals-Prophezeiung mehr ist als nur der «reine Tor», hat sich zerschlagen: «Du bist doch eben nur ein Tor!»

Parsifal hat, so scheint es, nichts verstanden – er weiß nicht, was er sah. Aber im Untergrund ist bei ihm mehr geschehen, was sich noch nicht im klaren Bewusstsein zeigt: Bei der Klage des Amfortas «macht er eine heftige Bewegung nach dem Herzen, welches er krampfhaft eine Zeitlang gefasst hält». Da hat er etwas aufgenommen, was ihn begleiten wird. Und auf die Frage «Weißt du, was du sahst?» schüttelt er – *ein wenig* – mit dem Haupte. Eine klare Verneinung ist das nicht, in einer tieferen Schicht seines Wesens «weiß» er, was er sah. Gurnemanz stößt zuletzt Parsifal hinaus «und schlägt, mürrisch, hinter ihm die Türe stark zu».

4.6. *Kundry*

Die Gestalt der Kundry gehört vielleicht zu den überraschendsten Entdeckungen Wagners in Zusammenhang mit dem Parsifal-Mythos. Sie zeigt als Person, was Gestaltungsprinzip der Parsifal-Dichtung überhaupt ist.

Wir haben gesehen, wie zwischen Amfortas und Parsifal eine Beziehung der Polarität besteht. Nach dem Prinzip der Polarität ist aber das ganze Drama aufgebaut. Im Zentrum steht dabei die Spannung zwischen Gralsburg und Klingsors Zauberschloss. Da erscheint eine Dualität, die ein persisches Element erlebbar macht, das sich bei Wagner intuitiv schon in der Namensänderung vom romanischen Parzival (= durch das Tal) zum persischen Parsifal (= der reine Tor) geltend macht (Kapitel 3.1.). In der altpersischen Religion Zarathustras war der Dualismus tragendes Prinzip: Da zeugt der oberste Gott, Ahura Mazda (mittelpersisch: Ormuzd), die beiden Zwillingsgeister Spenta Mainyu und Angra Mainyu (mittelpersisch: Ahriman). Diese Geister sind nicht durch ihre Natur verschieden, sondern schon vom Anfang her durch eigene Entscheidung: der eine hat sich für das Gute und das Leben, der andere für das Böse und den Tod entschieden. So sagt Spenta Mainyu in klarer dualistischer Gegenüberstellung zu Ahriman: «Weder unsere Gedanken, noch unsere Lehren, noch unsere geistigen Kräfte; weder unsere Entscheidungen, noch unsere Worte, noch unsere Taten; weder unser Bewusstsein, noch unsere Seelen stimmen überein.» Später wurde Ormuzd (Ahura Mazda) in eins gesehen mit Spenta Mainyu und so der religiöse Dualismus zwischen ihm und Ahriman konsequent ausgestaltet.

Die Zweiheit ist bei Wagner aber nur als Ausgangspunkt

eine Dualität. Dann kommt ein nächster Schritt: das dualistische Prinzip wird wie im Christentum zum trinitarischen gesteigert. Immer wieder haben große Geister dieses Prinzip auf ihre Weise erfasst. Goethe etwa spricht von *Polarität und Steigerung*[94], auch im Sinne seiner Farbenlehre, wo im Farbenspektrum der Gegensatz von Schwarz (Dunkel) und Weiß (Helle) im Prisma zu einem Dritten, zur Farbe «gesteigert» wird. Eine ähnliche Anschauung, jetzt in klarster Gedankenform, findet sich bei Hegel[95], der seine Philosophie eine «dialektische» nennt und ebenfalls von einer Dreiheit ausgeht, die bei ihm *These, Antithese, Synthese* heißt. Synthese wäre dann im Sinne von Goethe die «Steigerung» von These und Antithese. Das christliche trinitarische Prinzip bedeutet also, dass Polaritäten sich nicht gegenseitig ausschließen im Sinne eines «Entweder-oder», sondern sich dynamisch verbinden zu einem dritten Element. Bei Goethe wäre das die *Farbe*, die aus der Polarität von Licht und Finsternis hervorgeht. Hegel bringt als Beispiel den scheinbar unversöhnlichen Gegensatz von *Sein* und *Nichts*, um dann das Dritte zu nennen als Steigerung und Synthese dieser Polarität: Das *Werden.*[96] Die dualistischen Begriffe alter Art orientieren sich an einer Entweder-oder-Logik. Sie sind eindeutig und klar definierbar. Auf ihnen basiert das heutige wissenschaftliche Denken. Dialektische Begriffe entstehen durch eine Sowohl-als-auch-Logik. Sie sind mehrdeutig, beweglich und nicht abstrakt definierbar, aber geeignet, weite Bereiche der Wirklichkeit angemessen zu beschreiben, die der dualistischen Logik un-

94 Brief an den Kanzler von Müller vom 24. Mai 1828.

95 Georg Wilhelm Friedrich Hegel, 1770 –1831.

96 Wissenschaft der Logik, zweites Kapitel.

zugänglich sind. Das zeigt sich schon beim «synthetischen» Begriff *Werden* (Kapitel 1.3.).

Man kann davon ausgehen, dass Wagner von vornherein seinen *Parsifal* in diesem Sinne trinitarisch bzw. dialektisch konzipiert hat. Er hatte schon diese Gestalt, als ihm am Karfreitag des Jahres 1857 zum ersten Mal die Ganzheit des Dramas vor der inneren Anschauung stand: «Jetzt trat sein idealer Gehalt in überwältigender Form an mich heran, und von dem Karfreitags-Gedanken aus konzipierte ich schnell ein ganzes Drama, welches ich, in drei Akte geteilt, sofort mit wenigen Zügen flüchtig skizzierte.»[97] Wir können vermuten, dass schon damals der I. und der II. Akt wie These (Gralsburg) und Antithese (Klingsors Schloss) zueinander standen und der III. Akt zur Synthese führen sollte. Wir schließen daran die Frage an, ob es auch für die Polarität Amfortas ↔ Parsifal eine Synthese gibt und wie sie aussehen könnte. Und ebenso fragen wir uns, ob die Gralsburg im III. Akt nicht einen ganz anderen Charakter hat als die Gralsburg im I. Akt, wenn man sie jetzt als Synthese der Polarität Gralsburg ↔ Klingsors Schloss versteht. Wir lassen diese Fragen zunächst offen.

Das besondere Wesen der Kundry zeigt uns, dass sie nach außen in keiner polaren Beziehung steht zu einem Menschen oder zur Welt. Sie selbst, ihr eigenes Innere, ist der Ort, wo die Polarität erscheint, die, wenn sie nicht «gesteigert» wird, eine reine Dualität bleibt, und *These* und *Antithese* aufeinanderstoßen. Sie dient als Gralsbotin der Gralsburg und ihrem König – auf der anderen Seite dient sie aber auch mit dramatischer Intensität Klingsor in seinem Reich. Amfortas ↔

97 R. Wagner, *Mein Leben*, Dritter Teil. 1850–1861.

Klingsor: diese Gegensätze bleiben unverbunden in ihr – es ist immer ein Entweder-oder. Die Weltgegensätze von Gralsburg und Klingsor-Burg können in ihr nicht zu Synthese gesteigert werden, sie bleiben dualistisch unverbunden. So zeigt sie ein Bild gnadenloser Zerrissenheit, die bis in ihr äußeres Erscheinungsbild reicht. Auf der Gralsburg ist sie «wild und grauenhaft anzusehen ... Sie hat bald bleiche, bald sonnenverbrannte Hautfarbe; ihr schwarzes Haar hängt ihr lang und wild herab ..., ihre schwarzen Augen schießen oft wie brennende Kohlen aus den tiefen Höhlen hervor.»[98] In Klingsors Reich dagegen findet Parsifal «in einer Grotte auf einem Blumenlager ein jugendliches Weib von höchster Schönheit».[99] Auch Gurnemanz spricht in ähnlicher Weise von ihr, wenn er die Geschichte von Amfortas und dem Verlust des Gralsspeeres erzählt: «Schon nah dem Schloss wird uns der Held entrückt: ein furchtbar schönes Weib hat ihn entzückt ...» Er hat sie gesehen – und er erkennt sie doch nicht wieder, wenn sie auf der Gralsburg erscheint, «wild und grauenhaft anzusehen». Außer ihr selbst weiß nur Klingsor von ihrem Doppelleben.

Es war ein Moment genialer Intuition, als Wagner diese Doppelgestalt erfasste. Darüber gibt es ein Zeugnis: «Sagte ich Ihnen schon einmal, dass die fabelhaft wilde Gralsbotin ein und dasselbe Wesen mit dem verführerischen Weibe des zweiten Aktes sein soll? Seitdem mir dies aufgegangen, ist mir fast alles an diesem Stoffe klar geworden.»[100] Es sind nach Wolfram von Eschenbach die beiden Frauengestalten Cundrie und Orgeluse, die Wagner hier vereint – aber nicht um ei-

---

98 Prosaentwurf von 1865.

99 Letzte Textgestalt.

100 An Mathilde Wesendonck, 10. August 1860.

ner Vereinfachung willen, wie ihm oft unterstellt wird, denn diese Vereinigung der Gestalten macht die Handlung eher komplizierter. Es entspricht aber dem mythischen Sinn seiner Parsifal-Dichtung, bei der es um Wagners zentrales Motiv der Erlösung geht. Was wäre für die von Wagner geschaffene Kundry «Erlösung»? Altes dualistisches Denken im Sinne einer Entweder-oder-Logik würde erwarten: Befreiung aus der magischen Fesselung Klingsors und uneingeschränkte Zuwendung zur Gralsburg. Im Sinne von Wagner hat man die Erlösung aber dialektisch als *Synthese* zu verstehen, als *Steigerung* der Polarität. Auch die Erlösung des Amfortas und Parsifals (auch dieser Erlöser bedarf der Erlösung), ja – der ganzen Gralsburg wird unter dem Aspekt der Synthese noch anzuschauen sein.

Die Gestalt der Kundry ist es auch, bei der Richard Wagner am rückhaltlosesten den Wiederverkörperungsgedanken in das dramatische Geschehen einbezogen hat. Schon im I. Akt taucht dieses Motiv auf. Das den Knappen schwer verständliche Verhalten der Kundry veranlasst Gurnemanz, den Blick über die Begrenztheit des einen Lebens zu erheben: «Ja, eine Verwünschte mag sie sein. Hier lebt sie heut, vielleicht erneut, zu büßen Schuld aus früh'rem Leben, die dorten ihr noch nicht vergeben. Übt sie nun Buß in solchen Taten, die uns Ritterschaft zum Heil geraten, gut tut sie dann und recht sicherlich, dienet uns – und hilft auch sich.» Im I. Akt bleibt es bei dieser Andeutung. Im II. Akt wird der Wiederverkörperungsgedanke unerlässlicher Bestandteil ihres Wesens-Profils. Sie ist eine Ahasver-Gestalt[101], die ru-

101 Der Ewige Jude Ahasver ist eine Figur aus der christlichen Legendenbildung seit dem dreizehnten Jahrhundert. Die ur-

helos durch die Welt irrt. Wagner weist darauf hin: «Kundry lebt ein unermessliches Leben unter stets wechselnden Wiedergeburten, in Folge einer uralten Verwünschung, die sie, ähnlich dem ‹ewigen Juden›, dazu verdammt, in neuen Gestalten das Leiden der Liebesverführung über die Männer zu bringen.»[102] Ihre Urschuld liegt wie beim Ewigen Juden in der Zeitenwende. Davon spricht sie im II. Akt: «Kenntest du den Fluch, der mich durch Schlaf und Wachen, durch Tod und Leben, Pein und Lachen, zu neuem Leiden neu gestählt, endlos durch das Dasein quält! Ich sah Ihn – Ihn – und lachte: da traf mich sein Blick! Nun such ich ihn von Welt zu Welt, ihm wieder zu begegnen. In höchster Not wähn ich sein Auge schon nah, den Blick schon auf mir ruhn. Da kehrt mir das verfluchte Lachen wieder: ein Sünder sinkt mir in die Arme!» Ihre ganze Unruhe, das ständige Umherschweifen, ist letztlich nichts anderes als die Suche nach «Ihm». Aber sie kann ihn nicht finden. Und wenn sie glaubt, ihn gefunden zu haben, *muss* sie ihn zurückweisen im «verfluchten Lachen».

Man kann ihrer Inkarnation in der Zeitenwende sogar noch im Genaueren nachgehen. Klingsor zählt am Beginn des II. Aktes verschiedene «Namen» von ihr auf: «Herauf! Herauf! Zu mir! Dein Meister ruft dich Namenlose, Urteufelin, Höllenrose! Herodias warst du, und was noch?» Im Neuen Testament wird berichtet, dass zu der Zeit, als Jesus

---

sprüngliche christliche Legende berichtet von einem Juden, der Jesus auf seinem Weg zur Kreuzigung verspottete und deshalb dazu verflucht wurde, bis zur erwarteten Wiederkunft Jesu Christi am Jüngsten Tag durch die Welt zu wandern.

102 Prosaentwurf von 1865.

vor Pilatus stand und verhört wurde, auch Herodes der «Vierfürst»[103] in Jerusalem weilte. Er hatte, wie man heute sagen würde, «esoterische Interessen» und es lag ihm stets daran, entsprechende Leute kennenzulernen. Er hatte Johannes den Täufer gefangen gesetzt, weil der ihn wegen seiner privaten Lebensführung (unerlaubte Beziehung zur Herodias, der Frau seines Bruders) anprangerte. Auf Betreiben von Herodias ließ er ihn schließlich enthaupten, wovon das Neue Testament berichtet: «Herodes hatte nämlich Johannes festnehmen und ins Gefängnis werfen lassen. Schuld daran war Herodias, die Frau seines Bruders Philippus, die er geheiratet hatte. Denn Johannes hatte zu Herodes gesagt: Du hattest nicht das Recht, die Frau deines Bruders zur Frau zu nehmen. Herodias verzieh ihm das nicht und wollte ihn töten lassen. Sie konnte ihren Plan aber nicht durchsetzen, denn Herodes fürchtete sich vor Johannes, weil er wusste, dass dieser ein gerechter und heiliger Mann war. Darum schützte er ihn. Sooft er mit ihm sprach, wurde er unruhig und ratlos, und doch hörte er ihm gern zu. Eines Tages ergab sich für Herodias eine günstige Gelegenheit. An seinem Geburtstag lud Herodes seine Hofbeamten und Offiziere zusammen mit den vornehmsten Bürgern von Galiläa zu einem Festmahl ein. Da kam die Tochter der Herodias und tanzte, und sie gefiel dem Herodes und seinen Gästen so sehr, dass der König zu ihr sagte: Wünsch dir, was du willst; ich werde es dir geben. Er schwor ihr sogar: Was du auch von mir verlangst, ich will es dir geben, und wenn es die Hälfte meines Reiches wäre. Sie ging hinaus

---

103 Nicht Herodes, der den Kindermord zu Bethlehem befahl – der war schon verstorben.

und fragte ihre Mutter: Was soll ich mir wünschen? Herodias antwortete: Den Kopf des Täufers Johannes.»[104] Kurz danach bekam Herodes Botschaft vom ausgebreiteten Wirken Jesu: «Der Vierfürst Herodes hörte von allem, was geschah, und wusste nicht, was er davon halten sollte. Denn manche sagten: Johannes ist von den Toten auferstanden. Andere meinten: Elija ist wiedererschienen. Wieder andere: Einer der alten Propheten ist auferstanden. Herodes aber sagte: Johannes habe ich selbst enthaupten lassen. Wer ist dann dieser Mann, von dem man mir solche Dinge erzählt? Und er hatte den Wunsch, ihn einmal zu sehen.»[105]

Etwa ein Jahr später war Herodes in Jerusalem; da fand der Prozess gegen Jesus statt. Und Pilatus hatte den Einfall, Herodes den Gefallen zu tun, Jesus zu ihm zu schicken: «Als Pilatus … vernahm, dass er aus dem Gebiet des Herodes sei, sandte er ihn hin zu Herodes, der in diesen Tagen ebenfalls zu Jerusalem war. Herodes aber freute sich sehr, als er Jesus sah; denn er hätte ihn schon längst gern gesehen, weil er viel von ihm gehört hatte, und er hoffte auf ein besonderes Zeichen von ihm. Er legte ihm denn auch viele Fragen vor; aber Jesus gab ihm keine Antwort. Die Hohenpriester aber und die Schriftgelehrten standen da und verklagten ihn heftig. Und Herodes samt seinen Kriegsleuten verachtete und verspottete ihn, zog ihm ein weißes Kleid an und schickte ihn wieder zu Pilatus.»[106] Dass Herodes Jesus im weißen Gewand zurückschickt zu Pilatus, bezeugt äußerlich dessen Unschuld, ist aber auch eine Geste der Verachtung: dieser Mensch ist

---

104 Markus 6:17–24.

105 Lukas 9:7–9.

106 Lukas 23:6–11.

harmlos, nichts Besonderes, uninteressant, der ist nicht ernst zu nehmen. Bei dieser Begegnung des Herodes mit Jesus war auch, so stellen wir uns vor, Herodias anwesend. Da kam der Augenblick: *Sie sah ihn – und lachte! Da wurde sie getroffen von seinem Blick.* Dieser Blick hat sie seither nie mehr verlassen. Die Zurückweisung des Erlösers hinterlässt allertiefste Schicksalsspuren. Sie hat dadurch keinen Anteil an der Welt, in der «sein Reich» wirkt. Wo der Erlöser die sinnliche und die übersinnliche Welt «steigert» zu ihrer gegenseitigen Durchdringung, indem sein Reich, das nicht von dieser Welt ist, in dieser Welt – sie wandelnd – zu wirken beginnt, bleibt sie zerrissen in einem Entweder-oder. Sein Reich, das nicht von dieser Welt ist, die innerhalb der sinnlichen Welt erfahrbare moralische Welt des Erlösers (Kapitel 4.1.), ist ihr unzugänglich. Sie kann nur *entweder* sich sehnend seinem *übersinnlichen* Reich annähern durch ihren Dienst für die Gralsburg – oder dort sein, wo die *sinnliche* Welt für sich allein besteht, wo der Fürst dieser Welt in der Wüste einen Zaubergarten geschaffen hat. Gurnemanz sagt dazu: «Die Wüste schuf er sich zum Wonnegarten; drin wachsen teuflisch holde Frauen, dort will des Grales Ritter er erwarten zu böser Lust und Höllengrauen.» Dem Magier der Sinneswelt muss sie als Meisterin der «teuflisch holden Frauen» dienen und – in seinem Bereich des bloß Sinnlichen – gegen den Gral arbeiten.

V. Parsifal – II. Akt

5.1. Klingsors Reich – Erstarrung im Unerlösten

Klingsors Reich ist die Gegenwelt des Grals. Wir sind schon der Frage nach dem Gral nachgegangen (Kapitel 4.1.) und können deshalb zusammenfassen: die Substanz der Gralsschale ist das Blut des Erlösers. Es floss – und fließt – aus der Seitenwunde, die jener Speer geöffnet hat, der nun zusammen mit der *Gralsschale* als *Gralsspeer* gehütet wird. Als das Erlöserblut einstmals aus der Wunde floss, ätherisierte es sich als Quelle neuer Lebenskräfte, durch die in Zukunft einmal «die Erde getaucht sein wird in eine *moralische* Äther-Atmosphäre».[107] Das vom Kreuz fließende Blut ist aber ein fortdauernder Prozess. Es fließt weiter als Quelle neuer Ätherkräfte dort, wo diese Kräfte selbstlos gehütet werden in den Mysterien des Grals.

Das Grals-Mysterium ist ein Mysterium der Sinneswelt, des Reiches Christi, das nicht von dieser Welt ist, aber in dieser Sinneswelt wirksam werden kann als das Reich der Moralität. Die erste Beziehung zur Sinneswelt haben die Menschen durch Luzifer geschenkt bekommen, der ihnen «die Augen geöffnet» hat.[108] Sie ist von den Gaben Luzifers, Egoismus und Selbstsucht, geprägt. Der Mensch möchte die Sinneswelt

---

107 GA 130, 1. 10. 1911.

108 Genesis 3 : 7.

vor allem genießen und es sich «gut gehen» lassen. Doch die Sinneswelt ist mehr als nur Objekt menschlichen Genusses – sie ist der Keim einer zukünftigen Welt, wie sie der Apokalyptiker schaut: «Und ich sah einen neuen Himmel und eine neue Erde; denn der erste Himmel und die erste Erde sind vergangen.»[109] Damit diese zukünftige Welt entstehen kann, bedarf es aber der schöpferischen Mitarbeit des Menschen aus einer ganz neu zu begründenden Beziehung zur sinnlichen Welt, die nicht von Genusssucht, sondern von Selbstlosigkeit und Moralität getragen ist. Das ist die «christliche» Beziehung zur Sinneswelt. Sie wird dem Menschen nicht geschenkt in der Weise, wie einstmals Luzifer dem Menschen die Augen geöffnet hat. Diese neue Beziehung zur Sinneswelt ist für den Menschen eine moralische Aufgabe.[110] Das ist der Grals-Impuls.

Klingsors Gegenwelt zum Gral ist eine Welt ohne menschliche Schöpferkräfte, sie entsteht – durch Zauber – «von selbst». Der lebensfeindliche Boden dieser Welt ist die Wüste. Dort entsteht ein «Wonnegarten» künstlichen Lebens («tropische Vegetation, üppigste Blumenpracht») und sinnlicher Kräftewirkungen: die «Blumenmädchen» sind Repräsentanten dieser Kräfte. Gurnemanz nennt sie «teuflisch

---

109 Apokalypse 21:1.

110 Von Rudolf Steiner gibt es entsprechende Hinweise, wie diesen: «Nach der christlichen Vorstellung liegt in dem Christus-Wesen die Kraft, welche unsere moralischen Vorstellungen nimmt und eine neue Welt daraus bildet: ‹Himmel und Erde werden vergehen, aber meine Worte werden nicht vergehen.› Es ist die Kraft, welche zum Jupiter hinüberträgt das Moralische der Erdenwelt» (GA 175, 10.4.1917).

holde Frauen», und in der ersten Prosafassung heißt es: «Jenes Schloss birgt in Wahrheit die schönsten Frauen der Welt und aller Zeiten, die dort durch Zauber unter Klingsors Bann gehalten und zum Verderben der Männer, namentlich der Gralsritter, von ihm mit aller Macht der Verführung ausgestattet wurden. Man meint, es seien Teufelinnen.» Eine verführerische Welt, die dem Menschen keine Aufgaben stellt, sondern ihn zum Genuss verführt. Durch bloßen Genuss des Sinnlichen aber verfällt der Mensch in grenzenlose Passivität, er findet sich in einer Welt wieder ohne Entwicklung und ohne Wandlung. Klingsor selbst hat den Weg der Entwicklung abgewiesen und an die Stelle tätiger Selbstverwandlung und Selbstüberwindung passiv den äußeren leiblichen Eingriff gesetzt. «Man vermutet, Klingsor … habe sich selbst verstümmelt, um die sinnliche Sehnsucht in sich zu ertöten, welche zu bekämpfen durch Gebet und Buße ihm nie vollständig gelungen sei.»[111] Nun hat die Sinneswelt – soweit sie durch die «Teufelinnen» repräsentiert ist – äußerlich keine Macht mehr über ihn. Er kann sie «durch Zauber» in seinem Bann halten. Auch über Kundry kann er auf diese Weise Macht ausüben und sie zwingen, Parsifal gegenüber das Verführungswerk zu tun:

KUNDRY.
Ich – will nicht. – Oh – Oh! –
KLINGSOR.
Wohl willst du, denn du musst.
KUNDRY.
Du … kannst mich nicht halten.

---

111 Prosaentwurf von 1865.

KLINGSOR.
Aber dich fassen.
KUNDRY.
Du? …
KLINGSOR.
Dein Meister.
KUNDRY.
Aus welcher Macht?
KLINGSOR.
Ha! – weil einzig an mir
deine Macht nichts vermag.

Doch hier zeigt sich auch ganz offen die Zerrissenheit Klingsors und damit auch die Zerrissenheit seines Reiches: Auf den fragenden Einwand Kundrys «bist du keusch?» bricht es aus ihm heraus: «Furchtbare Not! So lacht nun der Teufel mein, dass einst ich nach dem Heiligen rang? Furchtbare Not! Ungebändigten Sehnens Pein, schrecklichster Triebe Höllendrang, den ich zum Todesschweigen mir zwang, lacht und höhnt er nun laut durch dich, des Teufels Braut?»

Klingsor ist keinen Weg gegangen, er hat keine Verwandlung durchgemacht, er hat nur äußerlich das zu Überwindende zum «Todesschweigen» gezwungen. Aber es ist nur nach einer Richtung «tot» – an anderer Stelle erwacht dafür der «Höllendrang». Zwischen «Todesschweigen» und «Höllendrang» zeigt sich die zerrissene Welt von Klingsors Reich, die eine durch und durch «unerlöste» Welt ist: wir sprachen von *Synthese* der dialektischen Widersprüche (Hegel) oder *Steigerung* der Polaritäten (Goethe) als *Erlösung* im Sinne Wagners (Kapitel 4.6.). Wo Widersprüche aber Widersprüche bleiben und Polaritäten unvereinbare Dualitäten sind, ist die Welt *unerlöst.* Klingsor herrscht zwischen *Todesschweigen* und *Höllendrang* im Reich des Unerlösten.

Ähnliches gilt für Kundry, insofern sie in Klingsors Reich wirkt. Sie ist mit dem Ur-Trauma – dem Fluch – belastet, «Ihn» zurückgewiesen und verlacht zu haben. Mit ihm hat sie auch das neue Reich der Moralität zurückgewiesen, das in der Sinneswelt wirksam werden soll. Deshalb repräsentiert sie im mythischen Bild des Weiblichen die nicht-durchgeistigte bzw. nicht-durchchristete Natur[112] («… gewiss ist, dass sie noch Heidin sein muss.»[113]) als Objekt des Genusses. Aber mit «Ihm» hat sie auch die wahre, nicht mehr egoistische Ich-Kraft des Menschen zurückgewiesen. Und so, wie sie «Ihn» immer von Neuem verlachen muss («… wähn ich sein Auge schon nah, den Blick schon auf mir ruhn …»), so muss sie auch immer aufs Neue die wahre Ich-Kraft – sie erscheint mythisch im Bild des Männlichen – zurückstoßen in den Bereich des nur Sinnlichen. Im Widerspruch dazu erfüllt sie aber eine alles durchdringende Sehnsucht nach dem, den sie zurückgestoßen hat. Sie weiß, dass nur «Er» sie erlösen kann von ihrem «Fluch, der mich durch Schlaf und Wachen, durch Tod und Leben, Pein und Lachen, zu neuem Leiden neu gestählt, endlos durch das Dasein quält …». Entsprechend sucht sie immer neu im «Männlichen» den Erlöser – und wird immer neu enttäuscht. Auch in Amfortas suchte sie – den Erlöser! Auf Klingsors zynisch-provozierende Frage «Gefiel er dir wohl, Amfortas, der Held, den ich zur Wonne dir gesellt?» offenbart sie ihre Enttäuschung: «Oh! Jammer! Jammer! Schwach auch er – schwach – Alle, … meinem

---

112 Im Christentum heißt die durchgeistigte Natur «Sophia».

113 Prosaentwurf von 1865.

Fluche mit mir Alle verfallen!» Wie kann sie Erlösung von diesem Fluch finden, der alle Helden ihr gegenüber schwach werden lässt? Klingsor sagt es: «Wer dir trotzte, löste dich frei.» So wie Klingsor zerrissen ist zwischen Todesschweigen und Höllendrang in seiner Seele, so lebt Kundry in einer Zerrissenheit zwischen Verachtung des Männlichen («– schwach – Alle ...») und Erlösungserwartung dem Männlichen gegenüber, die sie letztlich in jedem Mann das erlösende Männliche suchen lässt, wenn auch bisher stets vergeblich. Unvereinbarkeit der Gegensätze – das Gegenbild von Erlösung: Klingsors Reich ist das Reich des Unerlösten.

In Wagners erstem Entwurf für Ludwig II. (Prosaentwurf von 1865) findet sich eine komplizierte psychologische Charakterisierung von Kundry in ihrer Zerrissenheit: Nur ein Mann kann sie erlösen – aber zugleich lebt «ein auflodernder furchtbarer Hass» in ihr gegen alle Männer.

«Kundry lebt ein unermessliches Leben unter stets wechselnden Wiedergeburten, in Folge einer uralten Verwünschung, die sie, ähnlich dem ‹ewigen Juden›, dazu verdammt, in neuen Gestalten das Leiden der Liebesverführung über die Männer zu bringen; Erlösung, Auflösung, gänzliches Erlöschen ist ihr nur verheißen, wenn einst ein reinster, blühendster Mann ihrer machtvollsten Verführung widerstehen würde. Noch keiner hat ihr widerstanden ... Klingsors Zauber hat sie – entdeckt: er kennt den Fluch, und die Macht, durch die sie ihm zu Dienste gezwungen werden kann ... Was ihm Macht über Kundry, dieses auserlesenste Mittel der Verführung, gibt, ist aber nicht allein seine Zaubergewalt, mit welcher er sich der zwingenden Gewalt des auf Kundry lastenden Fluches bemächtigt: sondern in Kundrys eigenster Seele findet er die mächtigste Mithilfe. Wie nur ein Mann sie erlösen kann, sie sich dem Manne daher zu völliger Untertänigkeit zugewiesen fühlt, muss sie wieder ihre Erfahrung von der Schwäche dieser Männer zu einer wunderbaren Bitterkeit stimmen: sie fühlt, dass nur der Mann sie vernichtend erlösen könnte, der der Allgewalt ihrer weiblichen Anmut widerstehen würde; so lockt es sie aus dem tiefsten Grunde der Seele immer wieder, von Neuem die Prüfung vorzunehmen: aber hierein mischt sich zugleich ihr Hohn, ihre Verzweiflung, diesem schwachen Geschlechte unterworfen zu sein, ein auflodernder furchtbarer Hass, der sie zum Verderben der Männer stimmt, zugleich aber ihr wildes Liebessehnen auf verzehrende, furchtbar glühende Weise von Neuem immer wieder zu dem ekstatischen Krampfe aufstachelt, durch welchen sie zaubern kann, zugleich aber auch dem Zauber verfällt.»[114]

5.2. «Amfortas! Die Wunde!»

Parsifal gelangt, nachdem er aus der Gralsburg gestoßen worden ist, zu Klingsors Zauberschloss. Seine innere Verfassung ist unverändert: er ist weiterhin der «reine Tor», der er auf der Gralsburg war, und nicht «wissend». Man fragt sich, was die Erlebnisse auf der Gralsburg für ihn bedeutet haben, dass er so unverändert Klingsors Reich betritt.

Aber es wird sich auch zeigen: was bei ihm unzureichend auf der Gralsburg war und dort tiefe Enttäuschung ausgelöst hat, wird ihn in Klingsors Reich zunächst schützen. Der «reine Tor» kennt noch nicht die Welt und – damit verbun-

---

114 Prosaentwurf von 1865.

den – noch nicht sich selbst. Sein Seelenleben ist erst ganz anfänglich entfaltet und die Frage: was bedeutet das alles, was ich wahrnehme und erlebe, *für mich?* – drängt sich ihm nicht auf. Die Grundstimmung ist Staunen. Nun kommt er in die Welt Klingsors, in der alles darauf abzielt, den Menschen in ein selbstbezogenes Verhältnis zur Sinneswelt zu verführen und die Suche nach Weltgenuss und Selbstgenuss zu befriedigen. Aber die «Teufelinnen», die ihn umspielen und umgarnen, können in seiner Seele die Saiten des Selbstgenusses nicht zum Schwingen bringen. Das muss Kundry leisten – «ein jugendliches Weib von höchster Schönheit», auf einer Blumenlage «in durchaus verwandelter Gestalt» hingestreckt.

Wenn das Selbst angeregt ist, kann der Selbstgenuss folgen. Wer bin ich? Woher komme ich? Kundry ruft ihn beim Namen – «Parsifal!» Er hat bisher noch kein Bewusstsein von sich selbst, er kennt seine Namen nicht und nicht seine Herkunft. Als Gurnemanz ihn nach seinem Namen fragte, gab er zur Antwort: «Ich hatte viele, doch weiß ich ihrer keinen mehr.» Nun hört er seinen Namen und – erinnert sich! «Parsifal? So nannte träumend mich einst die Mutter.» Und wer einen Namen empfängt, beginnt einen Prozess, oft unbewusst möchte er dem Namen «Ehre machen», das heißt ihm auch entsprechen, sich seiner würdig erweisen. Eine Besinnung auf sich selbst beginnt. Und zugleich: wer einem Menschen einen Namen gibt, rückt nahe an den Anderen heran, wird durch diesen Akt oftmals wie ein Repräsentant des Ich. Das wirkt dann auf die eine oder andere Art nach. Kundry ist durch diese «Namensgebung» nahe an Parsifal herangerückt, umso mehr, als sie auch noch zu berichten weiß vom gefallenen Vater, der diesen Namen zuerst aussprach. Und dann setzt sie sich auch noch auf eine subtil gekonnte Weise als werdende Geliebte an die Stelle der Mutter. In der Dynamik, die sich nun im Dreieck Sohn – Mutter – Geliebte entfaltet, muss man Wagners psychologisches Können anerkennen – 40 Jahre vor Entstehen der Psychoanalyse. Der Sohn – im Bann einer tief sitzenden Mutterbeziehung – kann zuletzt nicht mehr klar zwischen Mutter und Geliebter trennen. Der Prozess gipfelt in Parsifals Erschütterung über seine Schuld am Tod der Mutter. In dieser Erschütterung kommt ihm die Geliebte tröstend als neue «Mutter» entgegen:

PARSIFAL.
Die Mutter, – die Mutter – konnt ich vergessen!
Ha! – Was Alles vergaß ich wohl noch?
Wes war ich je noch eingedenk? –
Nur dumpfe Torheit lebt in mir!
KUNDRY.
Bekenntnis
wird Schuld in Reue enden –
Erkenntnis
in Sinn die Torheit wenden.
Die Liebe lerne kennen,
die Gamuret umschloss,
als Herzeleids Entbrennen
ihn sengend überfloss! –
Die Leib und Leben
einst dir gegeben,
der Tod und Torheit weichen muss, –
sie beut
dir heut –
als Muttersegens letzten Gruß,
der Liebe ersten Kuss.

In dieser von ihm nicht zu durchschauenden und in der Lebensrealität sogar absurden Zusammenfügung Muttersegens letzten Gruß ↔ der Liebe ersten Kuss muss Parsifal Kundry verfallen: «Sie hat ihr Haupt völlig über das seinige geneigt, und heftet nun ihre Lippen zu einem langen Kusse auf seinen Mund.»

Aber dann tritt eine unerwartete Veränderung ein: «Parsifal fährt plötzlich mit einer Gebärde des höchsten Schreckens auf: seine Haltung drückt eine furchtbare Veränderung aus; *er stemmt seine Hände gewaltsam gegen das Herz, wie um einen zerreißenden Schmerz zu bewältigen.*» Diese Geste ist wie eine Wiederholung. Auf der Gralsburg ereignete sich etwas Entsprechendes: «Parsifal hatte bei dem vorangehenden stärksten Klagerufe des Amfortas *eine heftige Bewegung nach dem Herzen gemacht, welches er krampfhaft eine Zeitlang gefasst hielt.*»

Das Leiden des Amfortas hatte er auf der Gralsburg im Herzen miterlebt, aber noch nicht «wissend» im Bewusstsein. Es war noch ein unbewusstes Mit-Leiden. Aber er trug es seither in seinem Herzen. Er kam doch als ein Anderer in Klingsors Reich als auf die Gralsburg – aber die Wandlung war noch unbewusst. Nun meldet sich das Mitleid vom Herzen her – und wird auf das schmerzlichste bewusst: «Amfortas! Die Wunde! Die Wunde! Sie brennt in meinem Herzen! Die Wunde sah ich bluten, nun blutet sie in mir!» Und jetzt weiß er auch unmittelbar, was dieser Schmerz des Amfortas in Wirklichkeit ist: nicht der Schmerz der körperlichen Wunde, sondern der Schmerz, als Unwürdiger den Gralsdienst verrichten zu müssen. Jetzt erwacht er für die Klage des Amfortas, die er auf der Gralsburg gehört hatte: «Oh! dass keiner, keiner diese Qual ermisst, die mir der Anblick weckt, der euch entzückt! Was ist die Wunde, ihrer Schmerzen Wut, gegen die Not, die Höllenpein, zu diesem Amt – verdammt zu sein! Wehvolles Erbe, dem ich verfallen, ich – einz'ger Sünder unter Allen – des höchsten Heiligtums zu pflegen, auf Reine herabzuflehen seinen Segen! – Oh, Strafe! Strafe ohne Gleichen des, ach! – gekränkten Gnadenreichen!»

Und so bricht es nun aus Parsifal heraus – es ist nicht eine Wiederholung der Amfortas-Klage, sondern nun wie die Antwort. Er hört die Klage des Heilands. «Es starrt der Blick dumpf auf das Heilsgefäß: das heil'ge Blut erglüht; Erlösungswonne, göttlich mild, durchzittert weithin alle Seelen. Nur hier, im Herzen will die Qual nicht weichen. Des Heilands Klage da vernehm ich, die Klage, ach, die Klage um das entweihte Heiligtum: ‹Erlöse, rette mich aus schuldbefleckten Händen!› So rief die Gottesklage furchtbar laut mir in die Seele. Und ich … der Tor … der Feige … zu wilden Knabentaten floh ich hin! … Erlöser! Heiland! Herr der Hulden! Wie büß ich Sünder solche Schuld?»

Jetzt ist der Augenblick gekommen: «Durch Mitleid wissend, der reine Tor.» Sein Zukunftsschicksal hat sich erfüllt – er ist, was alle in ihm ersehnt haben. Er leidet das Leiden des Amfortas und – das damit verbundene Leiden des Heilands! Und er leidet nicht nur fühlend, sondern er «weiß» jetzt auch, was die *Ursache des Leidens* ist. Hier berührt die Handlung unmittelbar den Kern der buddhistischen Lehre, die für Wagner ein wichtiges Tor zum Christentum war: Die erste der vier «Grundwahrheiten» im Buddhismus spricht vom *Leben als Leiden.* Danach kommt alles darauf an, ein Wissen von den *Ursachen des Leidens* zu erwerben. Die Mitteilung darüber ist die zweite Grundwahrheit. Parsifal ist zu diesem Wissen der zweiten Stufe vorgedrungen. Er kennt die

Ursachen des Leidens bei Amfortas: dieser hat durch Kundry («ein furchtbar schönes Weib») die Sinneswelt in Klingsors Reich als «Wonnegarten» erlebt. Das gilt auch im Buddhismus – ein wesentliches Element der zweiten Grundwahrheit ist «Durst nach den Lüsten der sechs[115] Sinne» – als Ursache des Leidens. Indem Parsifal gegenüber diesen Ursachen ein «Wissender» geworden ist, muss er diesen Weg des Leidens nicht gehen. Das verdankt er Amfortas. So kann Parsifal durch Mitleid ein Wissender dieser Welt werden, ohne das Schicksal des Amfortas erleiden zu müssen – er bleibt «rein» und wird dennoch «wissend». Was er Amfortas verdankt, das – schuldet er ihm. Eine ganz neue Art von «Schuld» bildet sich als anfängliche Schicksalssubstanz künftiger Gemeinschaften auf der «erlösten» Gralsburg.

Parsifal verdankt auch Kundry Entscheidendes. Ohne sie wäre er nicht erwacht zu seinen Erlebnissen auf der Gralsburg. Erst durch den Kuss ist das Mitleid des Herzens bewusst geworden und hat sich in Wissen verwandelt. Das Berühren der Sinneswelt als eines «Wonnegartens» war dazu notwendig, «wissend» wird er nun auch da: «Die Wunde sah ich bluten, nun blutet sie in mir … Nein! Nein! Nicht die Wunde ist es. Fließe ihr Blut in Strömen dahin! Hier! Hier im Herzen der Brand! Das Sehnen, das furchtbare Sehnen, das alle Sinne mir fasst und zwingt! Oh! – Qual der Liebe! Wie Alles schauert, bebt und zuckt in sündigem Verlangen!» Berühren der Sinneswelt – nicht aber Eintauchen war notwendig. Sie sieht das und möchte, dass er vollends eintaucht in diese Welt: «So war es mein Kuss, der Welt-hellsichtig dich machte? Mein volles Liebes-Umfangen lässt dich dann Gott-

---

115 kama-tanha, im Buddhismus werden 6 Sinne betrachtet.

heit erlangen.» Aber Parsifal widersteht ihr als Wissender um die Leidens-Ursachen des Amfortas: «In Ewigkeit wärst du verdammt mit mir für eine Stunde Vergessens meiner Sendung, in deines Arms Umfangen! Auch dir bin ich zum Heil gesandt, bleibst du dem Sehnen abgewandt. Die Labung, die dein Leiden endet, beut nicht der Quell, aus dem es fließt; das Heil wird nimmer dir gespendet, eh jener Quell sich dir nicht schließt.» Parsifal ist der Erste, der ihr widersteht und so die dunkle Prophezeiung Klingsors erfüllt: «Wer dir trotzte, löste dich frei.»

5.3. Der Fluch

Man könnte denken, dass Parsifal nun am Ziel angelangt sei: «Durch Mitleid wissend.» Das wäre tatsächlich so gewesen, wenn er noch auf der Gralsburg wäre. Aber das ist Vergangenheit – jetzt muss er, um Amfortas zu erlösen, neu den Weg zur Gralsburg finden. Und das wird anders sein als beim ersten Mal, wo er sich einfach auf der Gralsburg vorfand ohne bewusste Intention. So stellt er Kundry die Frage nach dem Weg zu Amfortas – und entbindet durch diese Frage ein Schicksal, das ihn sonst nicht «notwendig» getroffen hätte. In höchster Erregung weist Kundry die Frage zurück. Die ganze Wucht der Verfluchten wendet sich gegen ihn. Sie, die den einst Verlachten durch den Fluch, den sie trägt, immer neu verlachen muss, sieht nun in Amfortas das Abbild und Gegenbild des Verlachten: beide sind sie vom gleichen Speer verwundet worden. Jetzt verlacht sie auch Amfortas: «Nie sollst du ihn finden! Den Verfall'nen, lass ihn verderben – den Unsel'gen, Schmach-lüsternen, den ich verlachte – lachte

– lachte – haha! Ihn traf ja der eigne Speer!» Noch einmal sucht sie ihn an sich zu ziehen, sucht ihn zu umarmen. Er stößt sie heftig von sich: «Vergeh, unseliges Weib!» Da ruft sie «mit wildem Wutrasen» Klingsor zu Hilfe und schleudert Parsifal den Fluch entgegen:

«Und flöhest du von hier, und fändest alle Wege der Welt, den Weg, den du suchst, des Pfade sollst du nicht finden: denn Pfad und Wege, die dich mir entführen, so verwünsch ich sie dir! Irre! Irre! mir so vertraut – dich weih ich ihm zum Geleit!»

Klingsor erscheint auf der Burgmauer und schleudert den Speer auf Parsifal, welcher aber «über dessen Haupte schweben bleibt. Parsifal erfasst den Speer mit der Hand und hält ihn über seinem Haupte.» Dann schwingt er zu Klingsor gewendet den Speer im Zeichen des Kreuzes: «Mit diesem Zeichen bann ich deinen Zauber: wie die Wunde er schließe, die mit ihm du schlugest, in Trauer und Trümmer stürz' er die trügende Pracht!» Das Schloss versinkt, der Garten wird wieder zur Einöde, Kundry sinkt schreiend in sich zusammen. Parsifal hält, im Enteilen, noch einmal an: «Du weißt, wo du mich wiederfinden kannst!»

Parsifal ist jetzt im Besitz des Gralsspeeres. Auch das hat zuletzt Kundry – indirekt wider Willen – durch ihren Fluch bewirkt, und so hat er endlich auch das Heilmittel für Amfortas in der Hand. Aber wie wird Kundry erlöst? Bei Amfortas ging es um Mit-Leid, um ein Mittragen seines Leidens. Bei Kundry ist es ähnlich. Aber hier steht nicht das Leiden im Mittelpunkt, sondern der Fluch, der es ihr verwehrt, «Ihn» zu finden, den sie einst verlachte. Vom Zauberbann Klingsors ist sie befreit dadurch, dass Parsifal ihr «trotzte». Die Befreiung vom Schicksals-Fluch des «Ewigen Juden» ist ein weiterer

Schritt. Jetzt geht es darum, *den Fluch* mitzutragen – so wie es bei Amfortas darum ging, *das Leiden* mitzutragen. Indem Kundry ihn verflucht, geht ihr Fluch, der sie bis jetzt «durch Tod und Leben … endlos durch das Dasein quält», auf ihn über: «Irre! Irre! mir so vertraut …» Alles hängt zusammen: ohne Kundrys Fluch hätte er den Speer nicht. Aber mit Speer ist der Fluch besonders drückend, denn mit diesem Speer, dem «Heiltum», darf keine Wunde mehr geschlagen werden. So wird Parsifal später zu erzählen haben: «Doch, ach! – den Weg des Heiles nie zu finden, in pfadlosen Irren trieb ein wilder Fluch mich umher: zahllose Nöte, Kämpfe und Streite, zwangen mich ab vom Pfade, wähnt ich ihn recht schon erkannt. Da musste mich Verzweiflung fassen, das Heiltum heil mir zu bergen, um das zu hüten, das zu wahren, ich Wunden jeder Wehr mir gewann; denn nicht ihn selber durft ich führen im Streite, – unentweiht führ ich ihn mir zur Seite.» Er irrt durch Verzweiflung und Nöte, er holt sich «Wunden jeder Wehr», weil er sich mit dem Speer nicht wehren darf – so leidet er an den Wunden, die er auf diesem Weg zum Gral, den er immer wieder verliert, empfängt. «Da musste mich Verzweiflung fassen …»

In den ersten beiden Akten auf der Gralsburg und in Klingsors Reich geht es um übergeordnetes Schicksal, um Gemeinschafts- und Zeitschicksal, letztlich um Menschheitsschicksal, auch wenn es dann die Einzelnen sind, an denen sich dieses Schicksal herauskristallisiert. Die Wege, die Parsifal, fluchbeladen, suchen muss vom Klingsor-Schloss zur Gralsburg, sind ganz und gar persönlich. Da ging es jeden Tag neu um Irrwege, Wunden, Kämpfe, Hoffnungslosigkeit, Verzweiflung und die Frage, ob das hohe Ziel, den Speer unentweiht zur Gralsburg zurückbringen zu können, überhaupt durchführbar war. Keine Weissagung, keine Prophetie gaben eine Richtung vor. Parsifal war als Mensch ganz persönlich auf sich selbst gestellt, war mit sich selbst allein gelassen. In sein eigenes persönliches Schicksal hatte er die Schicksale zweier anderer Menschen zusätzlich aufgenommen, die nun seine Wege veränderten und erschwerten. Das Schicksal des Amfortas trug er sichtbar in der heiligen Lanze, dem Gralsspeer. Um dieses Speeres willen empfing er viele Wunden. Das Schicksal der Kundry trug er in dem Fluch, der ihn von einem Irrweg zum anderen führte und «endlos durch das Dasein quälte». Dieses allerpersönlichste Drama des Parsifal sehen wir nicht auf der Bühne. Es ereignet sich «hinter den Kulissen» zwischen dem II. und III. Akt. Wir kennen auch keine Einzelbegebenheiten von diesen Irrwegen.

Bei Wolfram gibt es ebenfalls diesen Teil in Parzivals Leben. Da ist Parzival im zweiten Zustand – zwîvel – und hat allem abgesagt, auch Gott. Am Anfang dieses Weges steht ebenfalls der Fluch: die hässliche Gralsbotin Cundrie verflucht ihn, weil er auf der Gralsburg die Frage nicht gestellt und versagt hat. Bei Wagner ist es eine gegenteilige Situation: Der Ort ist nicht die Gralsburg, sondern Klingsors Zaubergarten. Parsifal hat nicht versagt, sondern gesiegt. Und schließlich kommt der Fluch von der «anderen» Kundry, die in Klingsors Reich wirkt, bei Wolfram der schönen Orgeluse entsprechend. So haben auch die Irrwege Parsifals einen anderen Charakter. Sie sind nicht mehr Ausdruck einer Folge des Versagens auf der Gralsburg, sondern spiegeln das in Freiheit angenommene zusätzliche Schicksal wider in der Hinorientierung zur Gralsburg. Solche Freiheitserlebnisse im Schicksal gehören zu den Möglichkeiten des modernen Menschen. Rudolf Steiner hat einmal im Gespräch davon gesprochen: «In jedem

Freiheitserlebnis sind drei Dinge verwoben. Sie erscheinen als Einheit im Moment, wo das Erlebnis sich ereignet, aber der nachherige Gang des Lebens lässt sie getrennt bewusst werden. Man erlebt das, was man zu tun hat, als inneres Bild, das in freier moralischer Phantasietätigkeit vor einem aufsteigt. Als eine wahre Imagination erscheint, was man zu tun sich entschließt, weil man es liebenswert finden muss. Das Zweite, was in dem einheitlichen Erlebnis enthalten ist, ist der Impuls, dass man von höheren Mächten ermahnt wird, dem im Innern Aufkeimenden zu folgen. ‹Tue es›, sagen die inneren Stimmen, und das Gewahrwerden derselben ist eine wahre Inspiration. Aber noch ein drittes Element ist dem einheitlichen Erlebnis einverwoben. Man stellt sich durch die Tat in eine äußere Schicksalsumgebung hinein, in die man ohne das Freiheitserlebnis niemals eingetreten wäre. *Man begegnet jetzt anderen Menschen, wird an andere Orte geführt*, dadurch, dass das innere intuitiv Erfasste nun zur schicksalhaft von außen herantretenden Umgebung wird. Die Situation einer wahren Intuition ergibt sich.»[116]

Was vom II. Akt zum III. Akt überleitet, kann man das Freiheitserlebnis Parsifals nennen.

---

116 «*Beiträge zur Rudolf Steiner Gesamtausgabe*» Nr. 49/50, Ostern 1975, S. 30.

VI. Parsifal – III. Akt

6.1. Maria Magdalena

Jahre sind vergangen, die zwischen dem Ende des II. Aktes und dem Beginn des III. Aktes liegen. In diesen Jahren vollzieht sich das ganz persönliche Drama Parsifals: er hat durch Kundry den Schritt in die Bewusstheit gemacht: vom unbewussten Eintauchen in das Leiden des anderen Menschen zum bewussten Wissen um das Leid des Anderen – zum Mitleid. Nun geschieht auf seinen eigenen suchenden Wegen, von Klingsors Reich zur Gralsburg, die Wendung: vom Mitmenschen zu sich selbst. Meistens ist der Weg umgekehrt, der Mensch muss lernen, von sich selbst loszukommen, um sich dem Anderen zuwenden zu können. Parsifal hat sein Erwachen beim Anderen begonnen: «Amfortas – die Wunde!» Zuerst gab es für ihn das Leid des Anderen, das Mitleid. Nun ist er bei sich selbst angekommen – auf Irrwegen, die immer eigene Wege sind – einsam geworden durch den Fluch. Jetzt wird für ihn das Leiden – «ich Wunden jeder Wehr mir gewann» – durch und durch persönlich: Leiden wird zum *Erleiden.* So kommt er wieder auf der Gralsburg an – ein Anderer geworden. Er weiß nun, was Gut und Böse ist.

Als er in Klingsors Reich aufgewacht und wissend geworden ist durch Kundrys Kuss, hat er gelernt, Gut und Böse, wahr und unwahr zu unterscheiden. Er konnte erkennen, wann Kundry wahr spricht und wann unwahr. Als er zum ersten Mal Kundry begegnet ist auf der Gralsburg – der unwissende reine Tor –, hat sie ihm vom Tod seiner Mutter gesprochen, was er aggressiv abwehren wollte. Da sagte Gurnemanz: «Verrückter Knabe! Wieder Gewalt? Was tat dir das Weib? Es sagte wahr, denn nie lügt Kundry – doch sah sie viel.» Nie lügt Kundry – das war auf der Gralsburg. In Klingsors Reich jedoch kann Kundry wahr sprechen, aber auch lügen. Sie spricht von seiner Kindheits-Vergangenheit wahr, sie lügt in Bezug auf die Zukunft: «Lass mich dich Göttlichen lieben, Erlösung gabst du dann auch mir.» Sie lügt. Er weiß, dass er auch ihr gegenüber diese Aufgabe hat – aber nicht auf diese Weise: «In Ewigkeit wärst du verdammt mit mir für eine Stunde Vergessens meiner Sendung in deines Arms Umfangen!» Parsifal hat in Klingsors Reich durch Kundry vom Baum der Erkenntnis gegessen und kann unterscheiden – das war seine «Einweihung». Er wird deshalb auf der ihm entsprechenden Stufe einer «Vertreibung» – und «Verfluchung» – entgegengehen. Kundrys Fluch ist für ihn deshalb nicht nur die Übernahme ihres Schicksals in sein eigenes, es ist auch ein Vorgang objektiver Art, die der Stufe seiner Reife entspricht. Nun folgt für ihn auf seinen Wegen und Irrwegen und Verwundungen – nicht auf der Bühne dargestellt – die «Prüfung der Seele»[117].

Und Kundry? Ihre Wege zur Gralsburg ahnen wir nicht. Sie geht auch nicht in erster Linie zur Gralsburg, sondern sie sucht ihn. «Du weißt, wo du mich wiederfinden kannst!» Das waren seine letzten Worte zu ihr. Dann ist sie plötzlich da – im Gralsgebiet, bei der Einsiedlerhütte von Gurnemanz

---

117 Titel von Rudolf Steiners zweitem Mysteriendrama. «Die Pforte der Einweihung» lautet der Titel des ersten Dramas.

– in einer Dornenhecke verborgen, eigentlich zugewachsen. Gurnemanz hört leises Stöhnen: «Er schreitet entschlossen der Dornenhecke auf der Seite zu: diese ist gänzlich überwachsen; er reißt mit Gewalt das Gestrüpp auseinander.» Dann hält er inne und entdeckt zu seiner größten Überraschung Kundry. Sie ist ähnlich gekleidet wie auch sonst, wenn sie auf der Gralsburg erscheint, «nur ist ihre Gesichtsfarbe bleicher, aus Miene und Haltung ist die Wildheit verschwunden». Gurnemanz fragt sich: «Das winterlich raue Gedörn[118] hielt sie verdeckt – wie lang schon?» Vielleicht war es sehr lange. Er hilft ihr, zu sich zu kommen. Sie schweigt. «Du tolles Weib! Hast du kein Wort für mich? Ist dies der Dank, dass dem Todesschlafe noch einmal ich dich erweckt?» Kundry schweigt weiter, dann, «rau und abgebrochen», zwei Worte: «Dienen – dienen.» Das ist ihre einzige Äußerung im ganzen III. Akt.

Und dann erscheint Parsifal – sein Prüfungsweg hat ihn ans Ziel geführt. Seit seinem Weggehen von diesem Ort, ohne Amfortas erlöst zu haben, ist die Gralsburg zukunftslos verelendet. Alles ist Verzweiflung. Das erfährt er nun von Gurnemanz. Er hat damals versagt, und das konnte – damals – noch nicht anders sein. Aber er übernimmt, seiner jetzigen Reife entsprechend, die volle *Verantwortung rückwirkend*. Er «trägt» die Schuld an dem Verfall der Gralsburg: «Und ich – ich bin's, der all dies Elend schuf! Ha! Welcher Sünden, welches Frevels Schuld muss dieses Torenhaupt seit Ewigkeit belasten.» Er droht ohnmächtig zu werden. Gurnemanz und Kundry bringen ihn zur nahen Quelle, wo sich nun das Drama zum kultisch-symbolischen Geschehen verdichtet.

---

118 = Dornenhecke.

Die Szenenanweisungen spiegeln das wider: «Kundry badet Parsifal mit demutsvollem Eifer die Füße. – Gurnemanz schöpft hierbei mit der Hand aus dem Quell und besprengt Parsifals Haupt. – Während Gurnemanz feierlich das Wasser sprengt, zieht Kundry ein goldenes Fläschchen aus dem Busen und gießt seinen Inhalt auf Parsifals Füße aus; jetzt trocknet sie diese mit ihren schnell aufgelösten Haaren.» Nun fordert Parsifal Gurnemanz zum letzten Akt der Zeremonie auf, zunächst an Kundry gewandt: «Du salbtest mir die Füße: das Haupt nun salbe Titurels Genoss', dass heute noch als König er mich grüße!»

Für Kundry vollendet sich nun ihr fluchbeladener Weg. Sie hat «Ihn» zurückgewiesen: «Ich sah Ihn und lachte: da traf mich sein Blick! Nun such ich ihn von Welt zu Welt, ihm wieder zu begegnen. In höchster Not wähn ich sein Auge schon nah, den Blick schon auf mir ruhn …» Da muss sie ihn wieder zurückweisen, sie muss «lachen». Das bedeutet aber: «Ein Sünder sinkt mir in die Arme!» Dieser Teufelskreis ist von Parsifal endlich durchbrochen worden. Nun muss sie nicht mehr «lachen». Wann trifft sie der ersehnte «Blick»?

«Parsifal schöpft unvermerkt Wasser aus der Quelle, neigt sich zu der vor ihm noch knienden Kundry und netzt ihr das Haupt.

> Mein erstes Amt verricht ich so:
> die Taufe nimm,
> und glaub an den Erlöser!

Kundry senkt das Haupt tief zur Erde, sie scheint heftig zu weinen.»

Sie muss nicht mehr lachen, sie darf zum ersten Mal seit Urzeiten weinen, der Blick des Erlösers ruht jetzt auf ihr. Jetzt beginnt ihre Zukunft, welchen «Taufnamen» empfängt sie? Die Frage hat schon ihre Antwort gefunden durch das, was geschah: *Sie zog ein goldenes Fläschchen aus dem Busen und goss seinen Inhalt auf Parsifals Füße aus; dann trocknet sie diese mit ihren schnell aufgelösten Haaren.* Davon spricht das Neue Testament: «Jesus ging in das Haus eines Pharisäers namens Simon, der ihn zum Essen eingeladen hatte, und setzte sich zu Tisch. Als nun eine Sünderin, die in der Stadt lebte, erfuhr, dass er im Haus des Pharisäers bei Tisch war, kam sie mit einem Alabastergefäß voll wohlriechendem Öl und trat von hinten an ihn heran. Dabei weinte sie, und ihre Tränen fielen auf seine Füße. Sie trocknete seine Füße mit ihrem Haar, küsste sie und salbte sie mit dem Öl. Als Simon das sah, dachte er: Wenn er wirklich ein Prophet wäre, müsste er wissen, was das für eine Frau ist, von der er sich berühren lässt; er wüsste, dass sie eine Sünderin ist. Da sagte Jesus: Simon, siehst du diese Frau? Als ich in dein Haus kam, hast du mir kein Wasser zum Waschen der Füße gegeben; sie aber hat ihre Tränen über meinen Füßen vergossen und sie mit ihrem Haar abgetrocknet. Du hast mir zur Begrüßung keinen Kuss gegeben; sie aber hat mir, seit ich hier bin, unaufhörlich die Füße geküsst. Du hast mir nicht das Haar mit Öl gesalbt; sie aber hat mir mit ihrem wohlriechenden Öl die Füße gesalbt. Deshalb sage ich dir: Ihr sind ihre vielen Sünden vergeben, weil sie mir so viel Liebe gezeigt hat» (Lukas 7). Diese «Sünderin» ist Maria Magdalena, die in der Folge einen innigen Weg geht in wachsender Nähe zu Ihm. Sie dient ihm mit allem, was sie besitzt (Lukas 8), sie lauscht seiner Rede und «versteht» ihn (Lukas 10). Sie ist schließlich erwürdigt, in der letzten Woche, am Karmittwoch, ihn noch einmal zu salben. Und Er sagt: «Dass sie das Öl auf meinen Leib gegossen hat, das hat sie für mein Begräbnis getan. Wahrlich, ich sage euch: Wo dies Evangelium gepredigt wird in der ganzen Welt, da wird man auch sagen zu ihrem Gedächtnis, was sie getan hat» (Matthäus 26). Am Ostermorgen schließlich wird sie der erste Mensch sein, der dem Auferstandenen begegnet (Johannes 20). Sie ist nicht ohne Sünde und unschuldig. Auch die Heiligen sind nicht die Unschuldigen mit «fleckenlosem Gewand», sondern diejenigen, die ein beflecktes Gewand gereinigt haben, «die aus der großen Bedrängnis kommen und ihre Gewänder gewaschen und leuchtend weiß gemacht haben im Blut des Lammes» (Apokalypse 7). Für sie gilt: «Die wirkliche Wahrheit ist nicht die Wahrheit, sondern der überwundene Irrtum» (Kapitel 4.3.). Maria Magdalena ist das Urbild der Heiligen.

6.2. Karfreitagszauber

Mit der «Taufe» Kundrys sind wir im Zentrum des Dramas angekommen. Kundry hat ihre Erlösung gefunden als Zusammenklingen der bisher zerrissenen Zweiheit ihres Wesens: ihres Wesens auf der Gralsburg und ihres Wesens in Klingsors Reich. Ihrer Sehnsucht, «Ihm» wieder zu begegnen, folgt sie im Dienste der Gralsritter auf andere Weise als im Dienste Klingsors. Im Dienste des Grals sucht sie «Ihm» als unermüdliche Gralsbotin in der Welt zu dienen. Für Amfortas sucht sie in aller Welt nach Heilkräutern – auch das ist zugleich eine Suche nach «Ihm» an Orten, wo die Natur heilend und menschennah ist. Aber diese Zeiten sind begrenzt.

Dann kommt wieder der andere Augenblick, der Zwang, in Klingsors Reich zu dienen. Sie sucht auch da: aber nicht in einer menschennahen Natur, das ist in Klingsors «Zaubergarten» nicht möglich. Sie sucht im Menschen nach der wahren Ich-Kraft, die in der Seele königlich herrscht. Sie sucht die Ich-Kraft als «männliche» Kraft – im Mann. Aber alle Männer, denen sie in Klingsors Reich des Nur-Sinnlichen bisher begegnet ist, sind schwach und «herrschen» nicht über sich selbst. Immer herrscht Kundry, indem sie als Verführerin siegt. Deshalb hasst sie die Männer – und weist damit zugleich «das Männliche» zurück, muss «Ihn» zurückweisen, indem sie sich doch zugleich nach «Ihm» sehnt! Parsifal ist der Erste, der in diesem Reich unbeirrt weiß, was er will und was er nicht will. Der erste Mann, in dem sie «das Männliche», nach dem sie sich sehnt, finden kann – gegen ihren rasenden Widerstand. Da hat sie – in Klingsors Reich – «Ihn» gefunden. So darf sie ihm auch auf die Gralsburg folgen und von nun an dem Gral dienen, «Ihm» dienen, der als König, dessen Reich nicht von dieser Welt ist, in dieser Sinneswelt herrscht. Die Suche in Klingsors Reich und die Suche im Dienste des Grals sind keine unvereinbaren Gegensätze mehr. Oder anders gesagt: der Speer der Ich-Kraft, der in Klingsors Reich festgehalten war, ist durch Parsifal wieder auf die Gralsburg gebracht worden. Noch anders ausgedrückt: die Moralität im Menschen und die Moralität in der Natur schwingen zusammen (Kapitel 2.2. und 4.1.).

Nach der Taufhandlung Parsifals heißt es: «Kundry senkt das Haupt tief zur Erde, sie scheint heftig zu weinen.» Und dann verwandelt sich die Welt: «Parsifal wendet sich um und blickt mit sanfter Entzückung auf Wald und Wiese, welche jetzt im Vormittagslichte leuchten.» Was er schaut, ist das Gegenbild zu Klingsors Zaubergarten: «Wie dünkt mich doch die Aue heut so schön! Wohl traf ich Wunderblumen an, die bis zum Haupte süchtig mich umrankten, doch sah ich nie so mild und zart die Halme, Blüten und Blumen, noch duftet' All' so kindisch hold, und sprach so lieblich traut zu mir.» Poetischer und prägnanter könnte man kaum die zwei Welten beschreiben:

Klingsors Reich:

Wunderblumen, die den Menschen bis zum Haupte süchtig umranken. In der Wüste der materiellen Welt ersteht ein Zaubergarten des Sinnlichen mit Wunderdingen, die den Menschen süchtig binden.

Grals-Natur:

Mild und zart erscheinen Halme, Blüten und Blumen; hold duftet alles und spricht lieblich vertraut zum Menschen. Das Reich Christi leuchtet im Reich der Sinne auf; Moralität wird sinnlich, die sinnliche Welt wird moralisch. Dieser Vorgang ist ganz und gar freilassend, nicht zwingend, ist «zart» und «mild».

Man wird dieses Geschehen nur wahrnehmen, wenn man dafür offen und vorbereitet ist, wenn man es schauen *will.* «Karfreitagszauber» nennt Gurnemanz dieses Geschehen. Der «Zaubergarten» Klingsors ist davon die Karikatur. Wagner hat selbst dieses Erlebnis gehabt – am Karfreitag im Jahre 1857. Es wurde für ihn zum Quellort seiner Grals-Dichtung. Die Wirklichkeit des Grals ist Wirklichkeit des Reiches Christi in der Sinneswelt, ist «Karfreitagszauber» (Kapitel 4.1.).

Parsifal versteht zunächst nicht den Zusammenhang dieses zarten Zaubers mit Karfreitag. «O wehe, des höchsten Schmerzentags! Da sollte, wähn ich, was da blüht, was atmet, lebt und wieder lebt, nur trauern – ach! – und weinen?» Aber Gurnemanz belehrt ihn: «Du siehst, das ist nicht so. Des Sünders Reuetränen sind es, die heut mit heil'gem Tau beträufet Flur und Au: der ließ sie so gedeihen. Nun freut sich alle Kreatur auf des Erlösers holder Spur, will ihr Gebet ihm weihen. Ihn selbst am Kreuze kann sie nicht erschauen; da blickt sie zum erlösten Menschen auf.» Die Lebenskräfte, der Tau, der die Natur an diesem Tag so lieblich zart und mild duftend erscheinen lässt, sind von besonderer Art, es sind «des Sünders Reuetränen». Sie sind wie natürliche Tautropfen, aber es sind «Reue»-Tränen, das heißt mit einem moralischen Zustand der Seele verbunden. Sie sind dadurch natürliche *und* moralische Substanz zugleich. Da beginnt schon die Gralswirklichkeit, der Karfreitagszauber. Während Gurnemanz erzählt, hat Kundry «langsam wieder das Haupt erhoben und blickt, feuchten Auges, ernst und ruhig bittend zu Parsifal auf». Und da erst wird die ganze Bedeutung ihres Weinens offenbar: «Auch deine Träne ward zum Segenstaue: du weinest, – sieh! es lacht die Aue!» Sie, von der wir sagten, dass sie im mythischen Bild des Weiblichen die Natur im nichtchristlichen Sinn repräsentiere (Kapitel 5.1.), macht nun ihre Verwandlung durch. Sie weint Reuetränen, in denen sich das Natürliche mit dem Moralischen durchdringt. Ihre «Träne wird zum Segenstau» des Karfreitagszaubers.

6.3. «Erlösung dem Erlöser»

Die Handlung des III. Aktes scheint wie eine Rückkehr zur Gralsburg zu sein, vielleicht gar eine Restauration der Verhältnisse auf der Gralsburg, die durch die Tat des Amfortas in eine schwere Krise gekommen waren. In Wahrheit wird die Gralsburg im III. Akt ganz neu «gebaut». Nichts war mehr wie vorher, der Gral war schon lange nicht mehr enthüllt worden. Gurnemanz schildert die Wirklichkeit: «Die heil'ge Speisung bleibt uns nun versagt; gemeine Atzung muss uns nähren: darob versiegte unsrer Helden Kraft. Nie kommt uns Botschaft mehr, noch Ruf zu heil'gen Kämpfen aus der Ferne: bleich und elend wankt umher die mut- und führerlose Ritterschaft.» Dass die Gralsritter nicht mehr in der Welt gefragt waren, traf das Zentrum des Grals-Impulses, es bedeutete letztlich den vollständigen Sinn-Verlust. Das Bild dieses Verlustes ist der Verlust des Gralsspeeres.

Als der erlösende Moment kommt und Parsifal den Speer erringt und wieder zur Gralsburg bringen kann, ist das der Anfang einer ganz neuen Wirklichkeit für die Gralsritter. Der auf der Gralsburg verbliebene Speer und der für die Gralsburg neu errungene Speer sind zwei verschiedene Wirklichkeiten. Wir haben schon Friedrich Benesch zitiert (Kapitel 4.3.):

> «Die wirkliche Wahrheit ist nicht die Wahrheit,
> sondern der überwundene Irrtum.
> Und die wahre Wirklichkeit ist nicht die Wirklichkeit,
> sondern die überwundene Illusion.
> Und die wirkliche Reinheit ist nicht die ursprüngliche
> Reinheit,
> sondern die geläuterte Unreinheit.
> Und das wahrhaft Gute ist nicht das ursprünglich Gute,
> sondern das überwundene Böse.»

Ähnlich muss man über den Gralsspeer sprechen. In Klingsors Reich hat sich die Wirklichkeit des Speers verändert. Kräfte dieses Reiches sind mit ihm verbunden und werden in Zukunft ihren Beitrag leisten. Der wiedergewonnene Speer ist eine höhere Wirklichkeit als der unverlorene Speer. Da seine Wirklichkeit zugleich die Wirklichkeit der Gralsritterschaft ist in ihrem Wirken für die Welt, wird auch sie sich mit dem zurückgekehrten Speer verwandeln. Dafür steht auch der neue Gralskönig. Zuletzt ist also die Gralsburg im III. Akt eine *Synthese*, ein Zusammenschwingen von Gralsburg im I. Akt und Klingsors Zaubergarten im II. Akt. Das ist die «erlöste» Gralsburg.

Und was heißt Erlösung für die drei Gestalten, von denen die Handlung getragen wird, Amfortas, Parsifal, Kundry? Amfortas steht offensichtlich im Mittelpunkt. Sein Schicksal und seine Not liegen der Sehnsucht nach Erlösung, von der die ganze Handlung durchzogen ist, zugrunde. Er ist der Erlösungsbedürftige, Parsifal der Erlöser. Wir erinnern uns an die Schwierigkeiten, die Wagner in einer angemessenen dramaturgischen Gestaltung dieser Situation sah: «Und noch dazu hat's mit dem Parzival eine Schwierigkeit mehr. Er ist unerlässlich nötig als der ersehnte Erlöser des Amfortas: soll Amfortas aber in das wahre, ihm gebührende Licht gestellt werden, so wird er von so ungeheuer tragischem Interesse, dass es fast mehr als schwer wird, ein zweites Hauptinteresse gegen ihn aufkommen zu lassen, und doch müsste dieses Hauptinteresse sich dem Parzival zuwenden.»[119] Nachdem Parsifal den Speer wieder errungen hat und auf die Gralsburg zurückgekommen ist, kommt der Moment, wo er Am-

119 An Mathilde Wesendonck, 29.5.1859.

fortas mit dem Speer heilen wird – der Heilbringer den Heilbedürftigen: «Nur eine Waffe taugt: die Wunde schließt der Speer nur, der sie schlug. Sei heil, entsündigt und gesühnt! Denn ich verwalte nun dein Amt. Gesegnet sei dein Leiden, das Mitleids höchste Kraft und reinsten Wissens Macht dem zagen Toren gab!» In diesen Worten kehrt Parsifal aber die Verhältnisse um: das schwere Leiden, von dem Amfortas mit Todessehnsucht Erlösung erhoffte, ist ein «gesegnetes» Leiden geworden! Denn ohne dieses Leiden des Amfortas wäre Parsifal als reiner Tor nicht zu Mitleid und Wissen gekommen. Das verdankt er nun Amfortas. Wer ist Bringer, wer Empfänger des Heils? Parsifal kommt nicht schon als Erlöser in die Welt zu den Erlösungsbedürftigen. Er muss erst zum Erlöser werden – mit Hilfe der Erlösungsbedürftigen. Er verdankt schließlich dem Erlösungsbedürftigen sein Erlöser-Sein – wir könnten auch sagen: er schuldet ihm sein Erlöser-Sein, solange er noch nicht Erlöser geworden ist. So verstehen wir auch die verzweifelten Worte Parsifals im II. Akt, als er sich seines noch nicht erfüllten Auftrags bewusst wird: «Erlöser! Heiland! Herr der Hulden! Wie büß ich Sünder solche Schuld?» Nicht nur Amfortas ist Sünder – unter diesem Blickwinkel ist auch Parsifal Sünder! Geben und Nehmen schaffen eine Beziehung auf Gegenseitigkeit. Die Gebenden und Nehmenden sind heute nicht mehr voneinander getrennt und auf bestimmte Menschengruppen verteilt. Auch der Lehrer kann heute nur noch dann Lehrer sein, wenn er bereit ist, zum Schüler zu werden und zu erkennen, wenn der Schüler zum Lehrer für ihn wird. Diese soziale Dynamik weiter gedacht, wird es berechtigt erscheinen lassen, diesen Gedanken auch auf «gut» und «böse» auszuweiten. Was gut oder böse ist, lässt sich immer weniger absolut feststellen, denn auch das Böse kann womöglich einen Beitrag zum Guten leisten (Kapitel 2.2.). Die «Sünde» des Amfortas, die zu seinem Leiden geführt hat, wird grundlegend verwandelt, wenn sein Leiden «gesegnet» ist. Dazu gehört auch, dass in Amfortas sogar das Bild des Erlösers erscheint: als Abbild – und Gegenbild! Er trägt die gleiche Wunde, geschlagen vom selben Speer, aber das Blut, das aus der Wunde fließt, ist Gegenbild: Erlöserblut der Selbstlosigkeit, Sündenblut der Selbstsucht. Wann ist Amfortas Sünder und wann – Erlöser? Es muss als eine bedeutende spirituelle Tat Wagners anerkannt werden, diesen Aspekt, der in der Gralserzählung verborgen liegt, so deutlich herausgearbeitet zu haben als Mythos des modernen Menschen.

Anders ist die Erlösung von Kundry. Ihre Erlösungsbedürftigkeit steht – im Gegensatz zu Amfortas – nicht im Vordergrund. Bei ihm wird, noch vor seinem Erscheinen, seine Not zum Hauptthema gemacht, verbunden mit der Erwartung des künftigen Erlösers. Kundry dagegen erscheint als merkwürdiges, schwer zu verstehendes Wesen, von dem Gurnemanz lediglich andeutet: «Hier lebt sie heut, vielleicht erneut, zu büßen Schuld aus früh'rem Leben, die dorten ihr noch nicht vergeben.» Sie *büßt* – aber ist sie deshalb *erlösungsbedürftig?* Noch weniger fällt bei ihr der Blick auf einen künftigen Erlöser. Erst im II. Akt tritt die «andere» Seite der Kundry in Erscheinung: die große Verführerin. Und gleich am Anfang im Dialog zwischen Klingsor und Kundry wird das Thema «Erlösung» von Klingsor angesprochen: «Wer dir trotzte, löste dich frei.» Man ahnt jetzt, wovon sie erlöst werden sollte. Aber dann, in der Szene mit Kundry und Parsifal, wird ihre Erlösungsbedürftigkeit von ihr selbst dramatisch geschildert. Keine Wunde ist es, von der sie Erlösung sucht, sondern ein Fluch. Und sie erwartet von Parsifal, dass er – wie bei Amfortas – auch mit ihr erlösendes Mitleid habe: «Mitleid! Mitleid mit mir! Nur eine Stunde mein! Nur eine Stunde dein … und des Weges sollst du geleitet sein!» Aber er reagiert auf diesen Schmerz der Kundry völlig anders als bei Amfortas. «In Ewigkeit wärst du verdammt mit mir für eine Stunde Vergessens meiner Sendung, in deines Arms Umfangen! Auch dir bin ich zum Heil gesandt, bleibst du dem Sehnen abgewandt.» Und schließlich sogar, ihr nicht nachlassendes Drängen beendend: «Vergeh, unseliges Weib!» – Wenn es bei Amfortas das Mitleid, die Zuwendung ist, die zuletzt zur Erlösung führt, bei Kundry sind es das klare Urteil über die Konsequenzen und die dann notwendig gewordene Zurückweisung. Aber jede Zurückweisung erzeugt die Gegenwirkung. Die Antwort auf seine Zurückweisung ist ihr Fluch.

Erlösung des Amfortas: Parsifal nimmt durch Mitleid Anteil an seinem Leiden.

Erlösung der Kundry: Parsifal nimmt Anteil an ihrem Fluch und wird selbst verflucht.

Was Parsifal, der «zage Tor», dem Amfortas dankt und schuldet, spricht er aus: «Mitleids höchste Kraft und reinsten Wissens Macht.» Was verdankt er der Kundry? Wir sind davon Zeuge in der Handlung; aber nicht er, sondern sie selbst spricht es aus: «So war es mein Kuss, der Welt-hellsichtig dich machte?» Ohne sie wäre er sich dessen nicht bewusst geworden, was er auf der Gralsburg erlebt hatte. Die Erlösung des Amfortas wäre dann nicht möglich geworden. Wagner spricht davon auch gegenüber Ludwig II., der ihm geschrieben hatte[120]: «Nur eine Frage erlaube ich mir an meinen ge-

120 Am 5.9.1865 (Schreibweise angeglichen).

liebten Freund bezüglich des ‹Parsifal› zu richten. – Warum wird unser Held erst durch Kundrys Kuss bekehrt, warum wird ihm dadurch seine göttliche Sendung klar?» Wagner antwortet[121]: «Der Kuss, der Amfortas der Sünde verfallen lässt, er weckt in Parsifal das volle Bewusstsein jener Sünde, nicht aber als die seinige, sondern die des jammervoll Leidenden, dessen Klagen er zuvor nur dumpf empfand, davon ihm nun aber, am eigenen Mitgefühl der Sünde, der Grund hell aufging: mit Blitzesschnelle sagte er sich gleichsam: ‹Ach! das ist das Gift, an welchem Jener siecht, dessen Jammer ich bisher nicht verstand!› – So weiß er mehr als alle anderen, namentlich auch als die gesamte Gralsritterschaft, welche doch immer nur meinte, Amfortas klage wegen der Speerwunde! Parsifal blickt nun tiefer.» Auch Kundrys Erlösung ist ein Geben und Nehmen. Auch ihr verdankt er, was ihn Erlöser werden lässt, insbesondere verdankt er ihr, dass er in den Besitz des Gralsspeeres gekommen ist. Denn erst durch ihren Fluch und ihren Ruf ist Klingsor erschienen und hat den Speer nach Parsifal geschleudert, der ihn dann fassen konnte.

Parsifal ist Erlöser für Amfortas und für Kundry, den beiden der Erlösung Bedürfenden, aber auf ganz verschiedene Weise: durch Mitleid und durch klares Urteil. Die Urgesten des Helfens sind damit angerührt: die therapeutische und die pädagogische Hilfe. Sie scheinen sich manchmal zu widersprechen, gehören aber zusammen. Beiden verdankt er die Möglichkeit, ihnen helfen zu können. Auch hier bedeutet Erlösung eine Synthese: die «Steigerung» der Polarität von Geben und Nehmen zu einer neuen Wirklichkeit.

In dem genannten Brief Wagners an Ludwig II. findet

---

121 Am 7.9.1865 (Schreibweise angeglichen).

sich ein inneres Bild in Bezug auf die drei Hauptgestalten: «Welche Bedeutung es mit dem Kusse Kundrys hat? – Das ist ein furchtbares Geheimnis, mein Geliebter! Die Schlange des Paradieses kennen Sie ja, und ihre lockende Verheißung: ‹eritis sicut Deus, scientes bonum et malum.› Adam und Eva wurden ‹wissend›. Sie wurden ‹der Sünde sich bewusst›. An diesem Bewusstsein hatte das Menschengeschlecht zu büßen in Schmach und Elend, bis es durch Christus erlöst ward, der die Sünde der Menschheit auf sich nahm. Mein Teurer, kann ich in so tiefsinnigen Materien anders als im Gleichnis, durch Vergleichung sprechen? Den inneren Sinn kann doch nur der Hellsehende sich selbst sagen. Adam – Eva: Christus. – Wie wäre es, wenn wir zu ihnen stellten: ‹Amfortas – Kundry: Parsifal›? Doch mit großer Behutsamkeit!» Bei Parsifal haben wir gesehen, dass eine dynamische Beziehung des Gebens und Nehmens zwischen ihm und Amfortas und Kundry besteht. Sollte eine ähnliche Dynamik wirken in der großen Wirklichkeit des Christentums? Wenn Erlösung als *Steigerung* der Polarität zu einer neuen dynamischen Synthese charakterisiert werden kann, die sich bei Parsifal als die Polarität von Erlöser und Erlösten zeigt, dann kann die neue gesteigerte, über Erlöser und Erlösten stehende Wirklichkeit benannt werden:

«Erlösung dem Erlöser».

VII. Epilog

7.1. Richard Wagners Ausblick in die Zukunft

Wagner wird von seinen Biographen oft ein bestimmtes Urteil entgegengebracht, wie etwa das folgende: «In diesem Sinne war es in allen Werken Wagners vorrangig die Musik, die es zu ‹erfinden› galt, während er sich die Handlungen aus der Welt der Sagen und Mythen ‹entlieh› und sie nach seinen Intentionen ‹formte›. So auch im *Parsifal* ...»[122] Damit ist auch der Vorwurf verbunden, mit mythologischem Stoff willkürlich oder gar verfälschend umzugehen, eben «nach seinen Intentionen». Dem ist manches zu entgegnen, etwa dass beim *Parsifal* zwischen der gefassten Idee, das heißt der Intention, und den ersten komponierten Tönen die gewaltige Zeitspanne von 20 Jahren lag. Nach welcher musikalischen «Erfindung» hätte Wagner schon 20 Jahre im Voraus eine Intention entwickeln sollen, den Stoff zu «formen»? Im Weiteren schreibt er in einem Brief zu seinem werdenden *Parsifal:* «Wenn alles einmal ganz reif in mir ist, muss die Ausführung dieser Dichtung ein unerhörter Genuss für mich werden. Aber da können noch gute Jahre darüber hin gehen! Auch möchte ich's einmal bei der Dichtung allein bewenden lassen.»[123] Da spricht nicht der Musiker, sondern der Dichter.

---

122 Joseph Lehmkuhl, *Gott und Gral*, Würzburg 2007.

123 An Mathilde Wesendonck am 10.8.1860.

War es bei Wagner tatsächlich «vorrangig die Musik, die es zu erfinden galt»?

Richard Wagners *Parsifal* ist nicht der «nach seinen Intentionen» umgeformte *Parzival* Wolframs von Eschenbach, sondern ein ganz eigener Mythos, aber aus der gleichen Quelle selbständig geschöpft, aus der auch Wolfram schöpfte. Er hat nicht einfach einen «Stoff geformt», sondern ist der inneren Logik der Gralssage nachgegangen, man könnte auch sagen, der «mythischen» Logik. Er verlangt von sich – und anderen – einen gewissenhaften Zugang zum Mythos: «Man muss einen solchen Stoff aus den echten Zügen der Sage sich selbst so innig belebt haben, wie ich dies jetzt mit dieser Gralssage tat.»[124] Dann – so können wir fortfahren – ist man in der Lage, im geschichtlich überlieferten Gewand den *eigentlichen Mythos* zu erkennen und – sachgerecht – für die Gegenwart auszuformen. Das ist bei Wagner mit der Parzival-Erzählung geschehen und deshalb kann sein *Parsifal* als eine sachgerechte und eigenständige mythische Schöpfung der Gralssage für unsere Gegenwart gelten. Angeregt durch die Anthroposophie und Rudolf Steiners Auseinandersetzung mit Richard Wagner, besonders auch dessen *Parsifal*, können wir direkt sagen: Das Grals-Christentum, wie es in Wagners *Parsifal* seinen Ausdruck gefunden hat, ist das der Gegenwart, genauer sogar der Gegenwart ab dem 20. Jahrhundert. Für Wagner war das noch ein Zukunfts-Christentum: «Für mich ist das Christentum noch nicht in das Leben getreten, und wie die ersten Christen erwarte ich eine Wiederkunft von Christus.»[125] Nach Rudolf Steiner beginnt

---

124 An Mathilde Wesendonck am 29.5.1859.

125 Tagebucheintrag Cosimas vom 15.7.1879.

im 20. Jahrhundert erlebbar eine neue Ära des Christentums, die «Zeit, wo die Wiederkunft des Christus im ätherischen Gewande an die Menschen belebend herantreten wird».[126] Alle entscheidenden Elemente dieses neuen Christentums finden sich tatsächlich in der Parsifal-Dichtung Wagners.

Für Wagner selbst hat sein *Parsifal* eine Sonderstellung innerhalb seines Gesamtwerkes. Schon neun Jahre vor der Uraufführung schreibt er: «Ich denke schon oft und ernstlich an meinen ‹Parzival›. Er wird die Krone all meines Schaffens … Mir ist es, als ob dieses Werk mir eingegeben sei, um der Welt ihr eigenes tiefstes Geheimnis, den wahrhaftigsten christlichen Glauben zu erhalten, ja, ihr neu diesen Glauben zu erwecken.»[127] Aber diesem positiven Zukunfts-Impuls für ein wahrhaftiges Christentum steht auch ein düster-realistischer Blick in die Zukunft der allgemeinen Kultur gegenüber. Man denkt an Rudolf Steiners Blick auf das Ende des zwanzigsten Jahrhunderts, wo er es für möglich hielt, dass – wenn nicht besondere geistige Anstrengungen gemacht würden – «die Menschheit am Grabe aller Zivilisation stehen» könnte.[128] Wagner blickt in eine ähnliche Richtung und schreibt zwei Jahre vor der Uraufführung des *Parsifal* zu diesem Werk: «Ich habe nun alle meine noch so ideal konzipierten Werke an unsere von mir als tief unsittlich erkannte Theater- und Publikums-Praxis ausliefern müssen, dass ich mich nun wohl ernstlich fragen musste, ob ich nicht wenigstens dieses letzte und heiligste meiner Werke vor dem gleichen Schicksal einer gemeinen Opernkarriere bewahren sollte.» Er fährt

126 GA 123, 10.9.1910.

127 An Ludwig II. am 11.8.1873.

128 GA 240, 19.7.1924.

dann fort: «Wie kann und darf eine Handlung, in welcher die erhabensten Mysterien des christlichen Glaubens offen in Szene gesetzt sind, auf Theatern wie den unsrigen, neben einem Opernrepertoire und vor einem Publikum, wie dem unsrigen vorgeführt werden ..., auf denselben Brettern, auf welchen gestern und morgen die Frivolität sich behaglich ausbreitet, und vor einem Publikum, welches einzig von der Frivolität angezogen wird ...?» Um hier ein deutliches Zeichen zu setzen, hat er sich zu etwas Ungewöhnlichem entschlossen: «Im ganz richtigen Gefühl hiervon betitelte ich den ‹Parsifal› ein ‹Bühnenweihfestspiel›. So muss ich ihm denn nun eine Bühne zu weihen suchen, und dies kann nur mein einsam dastehendes Bühnenfestspielhaus in Bayreuth sein. Dort darf der ‹Parsifal› in Zukunft einzig und allein aufgeführt werden; nie soll der ‹Parsifal› auf irgend einem anderen Theater dem Publikum zum Amüsement dargeboten werden.» [129]

Die Stichhaltigkeit von Wagners düsterem Blick in die Zukunft unserer Kultur hat sich inzwischen weithin erwiesen. 1914 liefen die Schutzrechte für den *Parsifal* ab. Seither wird er tatsächlich «auf Theatern wie den unsrigen, neben einem Opernrepertoire und vor einem Publikum, wie dem unsrigen vorgeführt.» Mit diesem «Bühnenweihfestspiel» können die Stimmführer unserer heutigen Regietheater-Welt wenig anfangen. Das bleibt für sie – so ein Biograph[130] – «zu tragen peinlich. Alle Einwände, die seit der Uraufführung gegen derlei theaterwirksamen Gottesdienstersatz erhoben wurden, sind durch die Nachwelt bestätigt, nicht entkräftet

129 An Ludwig II. am 28.9.1880.

130 Hans Mayer, *Wagner*, rororo Hamburg 1990.

worden.» Wagner hat das vorausgesehen. Deshalb wollte er «eine Handlung, in welcher die erhabensten Mysterien des christlichen Glaubens offen in Szene gesetzt sind», nicht der «Frivolität» des gewöhnlichen Theaters überlassen. Aber das war nicht zu verhindern.

Heute sind wir in der Situation, fast keine Bühne der Welt mehr zu haben, wo Wagners Intention und Impuls für seinen *Parsifal* ernst genommen oder gar umgesetzt wird. Die «erhabensten Mysterien des christlichen Glaubens» brauchen ihre eigene, besondere Bühne, die Richard Wagner ihnen in Bayreuth schaffen wollte, was sich als nicht durchführbar erwies. So bleibt die Frage, wo sich in Zukunft die «einsam dastehende» Bühne finden wird, die der Welt «ihr eigenes tiefstes Geheimnis» erhalten und erwecken kann durch einen *Parsifal*, der in Übereinstimmung mit den Intentionen seines Schöpfers ersehnt und erwartet unter die Menschen tritt.

Im Text zitierte Literatur

1. Richard Wagner
   Mein Leben, Zweiter Teil. 1842–1850
   Mein Leben, Dritter Teil. 1850–1861
   Mein Leben, Vierter Teil. 1861–1864
   Die Kunst und die Revolution
   Oper und Drama

   Briefe:
   An Mathilde Wesendonck, 30. Mai 1859
   An Mathilde Wesendonck, 10. August 1860
   An Ludwig II., 7.9.1865
   An Ludwig II., 11.8.1873
   An Ludwig II., 28.9.1880

   Ludwig II. an Wagner, 21.8.1865
   Ludwig II. an Wagner, 5.9.1865

2. Cosima Wagner
   Die Tagebücher. Editiert und kommentiert von Martin Gregor-Dellin und Dietrich Mack, München 1976/77

3. Rudolf Steiner
   GA 10, *Wie erlangt man Erkenntnisse der höheren Welten?*
   GA 13, *Die Geheimwissenschaft im Umriss*
   GA 14, *Mysteriendramen*
   GA 28
   GA 29
   GA 54

GA 92
GA 97
GA 104a
GA 123
GA 130
GA 148
GA 157
GA 240
GA 264
GA 275
GA 300b
GA 342
Beiträge zur Rudolf Steiner Gesamtausgabe, Nr. 49/50, Ostern 1975

4. *Religion in Geschichte und Gegenwart*, 3. Auflage
5. Georg Wilhelm Friedrich Hegel, *Wissenschaft der Logik*
6. Michael Kurtz, *Rudolf Steiner und die Musik – Biographisches – Geisteswissenschaftliche Forschung – Zukunftsimpulse*, Dornach 2014
7. Joseph Lehmkuhl, *Gott und Gral*, Würzburg 2007
8. Hans Mayer, *Richard Wagner*, Hamburg 1990
9. Friedrich Nietzsche, *Also sprach Zarathustra*
10. Novalis, *Geistliche Lieder*
11. Hans-Werner Schroeder, *Friedrich Benesch – Leben und Werk*, Stuttgart 2007
12. Werner Thiede, *Wer ist der kosmische Christus?*, Göttingen 2001

Anhang
Parzival – Prosaentwurf für Ludwig II.

27. bis 30. August 1865

I.

Amfortas, der Hüter des Grals, siecht an einer unheilbaren Speerwunde, die er in einem geheimnisvollen Liebesabenteuer empfangen. Titurel, der ursprüngliche Gewinner des Grals, sein Vater, hat in höchstem Alter dem Sohne sein Amt, somit die Herrschaft über die Gralsburg – Monsalvat – übergeben. Er muss dem Amte vorstehen, trotzdem er sich durch den begangenen Fehltritt dessen unwürdig fühlt, bis ein Würdigerer erscheint, es ihm abzunehmen. Wer wird dieser Würdigere sein? Woher wird er kommen? Woran wird man ihn erkennen? –

Der Gral ist die kristallene Trinkschale, aus welcher einst der Heiland, beim letzten Abendmahl, trank und seinen Jüngern zu trinken reichte: Joseph von Arimathia fing in ihr das Blut auf, welches aus der Speerwunde des Erlösers am Kreuze herabfloss. Sie ward als heiligstes Heiligtum lange Zeit der sündigen Welt geheimnisvoll entrückt. Als in rauester, feindseligster Zeit endlich unter der Bedrängnis durch die Ungläubigen die heilige Not des Christentums am Höchsten stieg, trieb die Sehnsucht, das wundervoll stärkende Heiligthum, von dem alte Kunde vorhanden war, gottbegeisterte, von heiligem Liebesverlangen ergriffene Helden zum Aufsuchen des Gefäßes, in welchem das Blut des Heilands (sangue *réale* – woraus: San Greal – Sanct Gral – der heilige Gral entstand) lebendig und göttlich belebend sich der heilsbedürftigen Menschheit erhalten hatte. Titurel und seinen Treuen ist das Heiligtum wunderbar entdeckt und in Pflege übergeben worden. Er scharte um sich die heilige Ritterschaft zum Dienst des Grals, baute die Burg Monsalvat in wildem, unnahbar entlegenen Gebirgswald, die Niemandem aufzufinden war, als wer zur Pflege des Grals sich würdig erwies. Seine Wunderkraft bekundete das Heiligtum zunächst dadurch, dass es seine Hüter jeder irdischen Sorge überhob, indem es für Speise und Trank der Gemeinde sorgte. Durch geheimnisvolle Schriftzeichen, welche beim Erglühen des Kristalls an dessen Oberfläche sich zeigten und nur dem würdigen Hüter der Ritterschaft verständlich waren, meldet der Gral die härtesten Bedrängnisse Unschuldiger in der Welt und erteilt seine Weisungen an diejenigen der Ritter, welche zu ihrem Schutze entsendet werden sollen. Die Ausgesandten begabt er mit göttlicher Kraft, so dass sie überall siegen. Den Tod bannt er von seinen Geweihten: wer das göttliche Gefäß erblickt, kann nicht sterben. Nur aber, wer vor den Verlockungen der Sinnenlust sich bewahrt, erhält sich die Kraft des Segens des Grals: nur dem Keuschen offenbart sich die beseligende Macht des Heiligtumes. –

Jenseits der Gebirgshöhe, in dessen heilig nächtiger Waldung Monsalvat – nur dem Geweihten zugänglich – liegt, dort wo sich anmutige Talwindungen dem Süden und dessen lachenden Ländern zuziehen, liegt eine andere ebenso heimliche als unheimliche Burg. Nur auf zauberhaften Wegen wird auch sie aufgefunden; der Fromme vermeidet, ihr zu nahen; wer ihr aber naht, kann der bangen Sehnsucht nicht wehren, mit der es ihn nach den glänzenden Zinnen verlockt, welche aus einer nie gesehenen Pracht der wunderbarsten Blumenbaumwaldungen hervorragen, und von wo zauberisch süßer

Vogelgesang herdringt, berauschende Wohlgerüche sich über den Umkreis ergießen. – Dies ist Klingsors Zauberschloss. Dunkle Sagen gehen über den Zauberer. Niemand sah ihn: man kennt ihn nur an seiner Macht. Diese Macht ist: Zauberei. Das Schloss ist sein Werk: durch ein Wunder ist es entstanden, mitten in einer früher öden Gegend, in welcher zuvor nur die Hütte eines Einsiedlers gestanden. Wo jetzt Alles auf das Üppigste und Berauschendste wie an einem ewigen Frühsommerabende blüht und webt, war einst – in nackter Wüste – nur das einsame Hüttchen zu sehen. Wer ist Klingsor? Dunkle unfassliche Mären, sonst weiß man nichts von ihm. Vielleicht kennt ihn der alte Titurel? Doch durch ihn ist nichts zu erfahren: im höchsten Greisenalter erstumpft, ist er nur noch durch die Wundermacht des Grals unter den Lebendigen. Es gibt aber einen alten Waffenknecht Titurels, Gurnemanz, der jetzt noch Amfortas treulich dient: der müsste etwas wissen: auch gibt er manchmal zu verstehen, dass er etwas von Klingsor wüsste; aber man bringt nicht viel von ihm heraus: hat er kaum etwas Unglaublich-Seltsames berichten zu wollen den Anschein genommen, so schweigt er wieder, lächelnd, als ob man von so etwas nicht sprechen dürfte. Vielleicht hat es ihm einst Titurel verboten. Man vermutet, Klingsor sei derselbe, der einst als Einsiedler fromm jene jetzt so veränderte Gegend bewohnte: – es heißt, er habe sich selbst verstümmelt, um die sinnliche Sehnsucht in sich zu ertöten, welche zu bekämpfen durch Gebet und Buße ihm nie vollständig gelungen sei. Von der Gralsritterschaft, der er sich anschließen wollte, sei er durch Titurel zurückgewiesen worden, und zwar aus dem Grunde, dass die Entsagung und Keuschheit aus innerster Seele fließen, nicht aber durch Verstümmelung erzwungen sein müsse. Niemand weiß hiervon Genaues. Nur ist gewiss, dass seit Amfortas' Zeiten man plötzlich von jenem Zauberschlosse gehört hat und dass die Gralsritter häufig gewarnt wurden, nicht in die Schlingen zu geraten, die von jener Gegend aus nach ihrer Reinheit ausgeworfen würden. Jenes Schloss birgt in Wahrheit die schönsten Frauen der Welt und aller Zeiten, die dort durch Zauber unter Klingsors Bann gehalten und zum Verderben der Männer, namentlich der Gralsritter, von ihm mit aller Macht der Verführung ausgestattet wurden. Man meint, es seien Teufelinnen. Mehrere Gralsritter sind von ihren Fahrten nicht heimgekehrt; man fürchtet, sie seien in Klingsors Macht gefallen. Gewiss ist leider, dass Amfortas selbst, als er den seiner Ritterschaft drohenden Zauber zu bekämpfen ausgezogen war, in die Schlingen der Verführung fiel, von einem seltsamen, wunderschönen Weibe abseits gelockt und dort tückisch von Bewaffneten überfallen wurde, die ihn binden und zu Klingsor führen sollten: mit Mühe habe er sich gewehrt und, zur Flucht gewendet, jenen Speerstich in die Seite erhalten, an dem er nun siecht und von dem ihn nichts zu heilen vermag.

Die Ritterschaft, die ganze Gralsgemeinde ist nun eifrigst um die Heilung ihres Hüters bemüht. Nach allen Gegenden ziehen Pilgerfahrten aus, um die rechte Arznei, den gnadenvollen Balsam aufzusuchen; aus den fernsten Zonen kehren sie zurück: welches Heilmittel auch gewonnen ward, keines will die Wunde heilen. Täglich bricht sie neu auf: unsäglich sind die Qualen des Verwundeten: nichts vermag sie zu lindern. – Nicht aber die Schmerzen der Wunde sind es, die Amfortas Seele umnachten: sein Leiden ist tiefer. Er ist der Erlesene, der das Wundergefäß zu pflegen hat: er und kein Anderer hat den heiligen Zauber zu üben, der die ganze Ritterschaft erquickt, stärkt und leitet, während nur Er einzig zu leiden hat, zu leiden um des schrecklichsten Selbstvorwurfes willen, sein Gelübde verraten zu haben. Er, der Unwürdigste aller, muss täglich – zu seiner furchtbaren Strafe, das heilige Gefäß berühren: auf sein Gebet muss der göttliche Inhalt der Schale in leuchtendem Purpur fließen, auf sein Fürwort sich der nährende Segen den geweihten Rittern erschließen. Ja, ihn selbst, den rettungslos Leidenden, erfüllt des Grals Wundermacht täglich mit neuer Lebenswärme: dünkt ihm der Tod sein einziger Erlöser, so verdammt ihn nun der Segen des Grals, ewig zu leben? Möchte er sich, um den Tod zu gewinnen, der Wonne, den Gral zu schauen, enthalten: wie um seines Gelübdes willen er muss, zwingt ihn auch die inbrünstige Sehnsucht der Seele dazu, von Neuem sich in diesen segenvollen Anblick zu verlieren, von Neuem den goldenen Purpur leuchten zu sehen, immer wieder die Glut dieses göttlichen Glanzes in sein Innerstes dringen zu lassen, beseligend – und zermalmend. Denn, ach! jetzt, wenn das himmlische Blut des Erlösers segenvoll in sein eigenes Herz sich ergießt, wie muss vor der göttlichen Berührung da sein eigenes frevelhaftes Blut sich flüchten! Das sündenvolle drängt sich verzweiflungsvoll scheu aus dem Herzen, sprengt die Wunde von Neuem und ergießt sich in die Welt der Sünde, – dort – durch dieselbe Wunde, wie sie einst der Erlöser am Kreuze empfing, durch die er sein Blut ergoss aus mitleidender Liebe für die jammervolle, sündige Menschheit, und wo ihm, dem sündigen Hüter des göttlichen Erlösungsbalsams, das heiße Sündenblut unversiegbar entströmt, zur ewigen Mahnung an seinen Frevel! – Da nahen die Ritter, die Stunde schlägt, er muss den Zauber üben: sie jammern und klagen um seine Wunde, suchen eifrigst ihm zu helfen, schaffen Heilmittel und Balsam herbei, und ahnen nicht, wo seine Wunde blutet und wo er unheilbar ist. – So hat der Elende endlich durch brünstiges Gebet den Gral um ein Zeichen gefragt, ob er Erlösung hoffen dürfe, und wer ihn zu erlösen berufen sein könne? Das Zeichen hat erglänzt: er hat die Rätselworte gelesen: «mitleidend leidvoll wissend ein Thor wird dich erlösen»! – Wer kann der sein, der nur «durch Mitleiden leidet, und ohne zu wissen weiser ist als andere?» – O, der Ersehnte! Wenn er lebt, möge er die Wege zu dem Heiligthume finden: der Qual ein Ende, der Wunde die Narbe, dem Herzen die Ruhe; wann bringst du sie, «mitleidend leidvoll wissender Thor»? –

Alles versuchen die Treuen, die Schmerzen des geliebten Herren zu mildern: Am Morgen tragen sie ihn in einer Sänfte nach dem heiligen See im Walde herab, dort sich zu baden, an dem edlen Quelle zu trinken. Da scheint er in der lieblichsten Frische ein wenig aufzuleben: Boten kommen mit neuen Heilmitteln, die fern aufgefunden: ach, keines wird helfen.

Am unermüdlichsten durchjagt Kundry, die Gralsbotin, die Welt nach Hülfe für Amfortas' Wunde. Wer dieses Weib sei und woher sie stamme, weiß Niemand; sie muss uralt sein, denn schon in Titurels Zeiten fand sie sich hier im Gebirge ein: obwohl sie wild und grauenhaft anzusehen ist, nimmt man doch keine eigentlichen Züge des Alters an ihr wahr: sie hat bald bleiche, bald sonnenverbrannte Hautfarbe; ihr schwarzes Haar hängt ihr lang und wild herab: manchmal flicht sie es in wunderlichen Flechten zusammen; stets sieht man sie nur in ihrem dunkelroten Gewande, welches sie mit einem wunderlichen Gürtel aus Schlangenhäuten aufschürzt: ihre schwarzen Augen schießen oft wie brennende Kohlen aus den tiefen Höhlen hervor; bald ist ihr Blick unstet und abschweifend, bald wieder starr und unbeweglich fest. Sie wird von der Ritterschaft weniger als ein Mensch, sondern mehr wie ein seltsames, zauberhaftes Thier behandelt. Sie lebt auch immer abseits, man weiß nicht, wie sie sich ernährt, noch wo sie Unterkunft sucht: zu Zeiten verschwindet sie ganz; Niemand hört und sieht dann etwas von ihr. Dann findet man sie endlich zufällig in einer Höhle, in einem verwachsenen Baumgestrüpp, in einem totenähnlichen Schlafe, leblos erstarrt, wie blutlos, steif an allen Gliedern. Gurnemanz, der alte Waffenknecht, nahm sich dann meist ihrer an: er kannte sie von so lange her! – er trug sie zu sich heim, wärmte sie, rieb sie und brachte sie wieder ins Leben: bei ihrem Erwachen glaubt sie soeben sich erst ein wenig entschlummert, verflucht sich, den Schlaf über sich kommen gelassen zu haben, blickt nach der Sonne, seufzt furchtbar auf, springt davon, und beginnt ihr Treiben von Neuem. Ist irgendetwas Schwieriges zu vollbringen, in weiter Ferne etwas auszurichten, dem in fremden Zonen streitenden Gralsritter eine Botschaft, ein Befehl des Grals auszurichten, so gewahrt man plötzlich Kundry, begierig sich des Auftrages bemächtigend, den Niemand so schnell und zuverlässig ausrichten kann als sie: auf einem kleinen Ross, mit langen, auf den Boden herabfallenden Mähnen und Schweife, sieht man sie dann wie im Sturme davon jagen, und ehe man es nur vermuten könnte, ist sie zurück. Nie hat man die mindeste Untreue an ihr gemerkt; ihr Eifer, ihre Sorgfalt in der Ausrichtung der Botschaften ist grenzenlos. So ist sie der Ritterschaft eine unentbehrlich treue Dienerin geworden:

Alle ihre Besorgungen fallen günstig aus. Dagegen in

den Zeiten ihres rätselhaften Verschwindens fehlt sie sehr: es bricht dann gewöhnlich ein Ungemach, eine geheimnisvolle Gefahr über die Ritterschaft herein, dann entsteht Sorge; oft wird Kundry herbei gewünscht. Manche geraten daher auch in Zweifel darüber, ob sie für gut oder für bös zu halten sei: gewiss ist, dass sie noch Heidin sein muss. Nie sieht man sie bei einer religiösen Handlung: aber man sieht sie auch sonst nirgends, außer wenn es einen ungemein schwierigen Dienst zu leisten gilt. Gurnemanz, der sonst gegen das wilde Weib nicht sanft verfährt, nimmt sie, halb mürrisch, halb launig, in Schutz. Er meint, man müsse sich an ihre guten Dienste halten und froh sein, wenn sie wiederkehre. Er vermutet, sie sei eine Verwünschte, welche in ihrem gegenwärtigen Leben große Sünden abzubüßen habe. Die Dienste, die sie leiste, seien daher verdienstlich für sie, wie für die Ritterschaft, und man brauche sich nicht zu scheuen, sie anzunehmen. Gegen die Ritter zeigt sie übrigens große Gleichgültigkeit, ja – Verachtung: ihren Dank nimmt sie nie an. Selbst Amfortas ist hiervon nicht ausgenommen. Sie kehrt jetzt soeben auf schnaubendem Ross aus dem Wunderlande Arabiens zurück, wo sie den kostbarsten Wundbalsam aufgesucht. Hastig reicht sie ihn Gurnemanz, weist jeden Dank ab und wirft sich stumm in eine Waldecke, während Gurnemanz zum König und den Rittern am heiligen See eilt, die verhoffte Rettung überbringend. Auch der Balsam bringt keine Linderung: Kundry lächelt höhnisch dazu. «Ihr wisst ja, was einzig helfen kann! Was jagt ihr mich auf die falsche Fährte.» Sonst ist nichts aus ihr heraus zu bringen. Nie gibt sie einen Rath, teilt eine Ansicht mit: sie hat nur den hastigen Eifer, sofort auszuführen, was gewünscht oder befohlen wird. Sie wird deshalb für ganz stumpfsinnig und vernunftlos, wie tierisch, gehalten. Doch scheint ihr an der Befreiung des Amfortas von seinen Leiden viel, ja leidenschaftlich viel gelegen zu sein: sie verrät darüber heftige Unruhe. Dann wieder lacht sie aber höhnisch; Man soll nicht das Ende dieser Not wünschen; wer weiß ob sich die kluge Ritterschaft dann nicht in Zukunft ihre Botschaften selbst ausrichten müsste; sie wolle auch Ruhe haben usw. – Während der König im heiligen See badet, kreist da ein wilder Schwan über seinem Haupte: plötzlich sinkt er, von einem Pfeil verwundet; man hört das Geschrei vom See her: allgemeine Entrüstung, wer wagt es im heiligen Bezirke ein Tier zu töten? – Der Schwan flattert näher und sinkt verblutend zu Boden. Parzival kommt mit dem Bogen in der Hand aus dem Walde vor: Gurnemanz hält ihn an. Der Jüngling bekennt sich zu der Tat. Den heftigen Vorwürfen des Alten weiß er nichts zu entgegnen. Da ihm Gurnemanz das Frevelhafte seiner Tat vorhält, ihn an die Heiligkeit des Waldes, der ihn so still umrausche, gemahnt, ihn befrägt, ob er nicht die Tiere hier alle zahm, sanft und fromm angetroffen habe? was ihm der Schwan, der sein Weibchen aufgesucht, getan habe? ob ihm der edle Vogel nicht leid tue, der nun mit blutbeflecktem Gefieder stumm und sterbend vor ihm läge? usw. – bricht Parzival, der still, wie festgebannt gestanden, in Tränen aus, und stammelt: «Das wusste ich nicht.» – «Wer ist dein Vater?» «Das weiß ich nicht!» usw. Gurnemanz' Verwunderung über diese Dummheit, die er bis jetzt nur bei Kundry angetroffen, geht in Rührung über, als er Parzival veranlasst, sich ein wenig zu ihm zu gesellen, und ihm nur einige Auskunft über sich zu geben. Alles, was Gurnemanz durch gutmütiges Zureden und Fragen aus dem scheuen Jüngling herausbringen kann, ist, dass Parzival nur seine Mutter, Schmerzeleide, kennt; diese hat ihn in größter Zurückgezogenheit in der Weise erzogen, dass er nie etwas von Waffen und Ritterschaft erfahren solle. «Warum das?» Da Parzival keinen Grund weiß, ergänzt mit hastigem Hineinwurf Kundry, welche, in ihrer Ecke gelagert, von Anfang an den Blick starr auf Parzival geheftet hat. «Sein Vater ward noch vor des Sohnes Geburt erschlagen: die Mutter wollte den Sohn vor gleichem, gewaltsamen Tode bewahren. – Die Törin!» Sie lacht. Parzivals Gedächtnis und Verständnis seiner Vergangenheit wird auf diese Weise erweckt. Am einsamen Hofe seien Gewaffnete vorbeigekommen: Parzival ist ihnen gefolgt, hat sie aber nicht wieder aufgefunden. Manches Abenteuer hat er bestanden: den Bogen sich gemacht: damit habe er sich auf seinen wilden Wanderungen gewehrt. – Kundry bestätigt, dass er sich durch Heldentaten und unglaublich kühne Kraft gefürchtet gemacht habe. «Wer fürchtet mich?» «Die Bösen.» – «Waren, die mir den Weg vertreten, bös?» – Gurnemanz lacht. «Wer ist gut?» Gurnemanz: «Deine Mutter. Du bist ihr entlaufen; sie wird sich um dich grämen: du musst nicht Alles gleich feindselig behandeln.» «Bin ich feindselig?» «Dem Schwan warst du es und deiner Mutter.» – «Meiner Mutter?» – Kundry: «Sie ist tot!» Parzival: «Tot? meine Mutter? Wer sagt das?» Kundry: «Ich sah sie sterben!» Parzival springt auf und packt Kundry bei der Kehle. Gurnemanz hält ihn zurück: «Willst du hier wieder Unrecht tun? Was tat dir das Weib? Sie sagte gewiss die Wahrheit, denn Kundry lügt nie und weiß viel!» Parzival steht betäubt, wie erstarrt. Endlich: «Ich verschmachte!» Er droht umzusinken; Gurnemanz hält ihn. Kundry ist hastig nach dem Quell gesprungen und kommt mit einem gefüllten Horn zurück: sie besprengt Parzival mit dem Wasser und reicht ihm zu trinken. Gurnemanz lobt Kundry; so täte man hier, Böses vergälte man mit Gutem. Kundry lacht: sie tue nie Gutes; aber sie wolle Ruhe. Während Parzival zu sich kommt und von Gurnemanz väterlich besorgt wird, zieht sich Kundry traurig, wie in immer zunehmender Ermattung nach der Waldecke zurück: «Ach, ich bin müde. Wo find' ich Ruhe?» Sie schleppt sich unbemerkt in den Wald fort. – Gurnemanz bemerkt, dass der König mit der Dienerschaft bereits länger nach der Burg aufgebrochen ist. Die Sonne steht im Mittag; es wird Zeit, zum heiligen Mahle sich zu begeben. Parzival, sich auf den Alten stützend, frägt, wohin sie gerieten; denn ihm dünke, dass der Wald sich immer mehr verliere und dass sie in gemauerte Gänge einträten? Gurnemanz: «Sie seien auf dem rechten Wege, und dass der Knabe noch unschuldig sei, werde er auch gewahr, denn unmöglich würde sich sonst für sie Beide der Weg in die Burg so leicht erschließen.» Sie ersteigen Treppen und befinden sich wieder in gewölbten Gängen. Parzival, dem kaum scheint, als schreite er, folgt in Betäubung. Er vernimmt wunderbare Klänge. Lang gehaltene und anschwellende Posaunentöne, denen aus weiter Ferne ein sanftes Geläute, wie von Kristallglocken antwortet. Endlich sind sie in einem mächtigen Saale angelangt, welcher in eine hohe Kuppel domartig sich verliert, das Licht fällt nur von oben herab; aus der Kuppel vernimmt man wachsendes Geläute. Parzival steht wie verzaubert. Gurnemanz: «Nun nimm dich zusammen: bist du ein Thor, so lass mich nun sehen, ob du auch wissend bist.» Sanfte Posaunenrufe kommen näher. Man hört einen feierlichen Gesang von tiefen Männerstimmen: höhere Stimmen antworten aus der halben Höhe des Gebäudes; aus der höchsten Höhe der Kuppel hört man den Gesang von Knabenstimmen verhallen. Da öffnen sich im Hintergrunde links und rechts zwei große Flügeltüren.

Von rechts her schreitet die Prozession der Gralsritter, feierlich und gemessen; sie verteilen sich an die gedeckten Tafeln, welche in drei Abtheilungen von hinten nach vorn zu sich erstrecken. Von links her schreiten die Meister und die Dienerschaft des Königs. Amfortas wird in einer Sänfte getragen: vor ihm her trägt ein Ritter einen mit einer purpurnen Samtdecke überdeckten Schrein:

In der erhöhten Mitte des Hintergrundes ist unter einem Baldachin das Ruhebett aufgerichtet, nach welchem Amfortas geleitet wird: davor steht eine altarartige Tafel, auf welche der verdeckte Schrein niedergestellt wird. Als Alle zur Stelle sind, schweigt der Gesang. Gurnemanz nimmt seinen Platz an einem Tische und beobachtet fortwährend Parzival, welcher staunend sprachlos und ohne Bewegung da steht. Vom tiefsten Hintergrunde her vernimmt man aus einer gewölbtem Nische die Grabesstimme des alten Titurel: «Mein Sohn Amfortas, bist du am Amt?» Schweigen. – «Muss ich sterben, ohne den Retter zu begrüßen?» – Amfortas bricht in tiefe Klagen aus: er könne nicht länger des Amtes walten. Er schildert seine Leiden. Die Ritter brechen in Murren und Klagen aus. Taumels Stimme: «Enthüllt den Gral.» Man entkleidet den Schrein, nimmt aus ihm die heilige Kristallschale und stellt sie feierlich vor Amfortas hin. – Amfortas verdeckt sich die Augen. Taumels Stimme: «Sprich den Segen.» Amfortas blickt endlich mit immer wachsender Entzückung nach dem Gefäß und drückt seine begeisterten, zugleich reumütigen Empfindungen aus. Aller Andacht spannt sich auf das Höchste. Aus der Kuppel dringt ein blendender Lichtstrahl in die Schale: diese beginnt in feurigem Purpurroth zu erglänzen. Alles senkt sich auf die Knie: ein Lichtstrahl der Hoffnung fällt auch in Amfortas' Seele. So rein erglühte ihm seit seinem Sündenfall der Gral noch nicht, wie heute: ist Rettung da, ist der Erlöser da? Er erhebt den Gral mit beiden Händen und lässt ihn nach jeder Seite hin leuchten. Man hört Taumels Stimme einen Seufzer des Wohlgefühls ausstoßen. – Stimmen aus der Höhe ertönen. Titurel spricht den Segen: Dämmerung lagert sich über den ganzen Saal; nur der Gral leuchtet hell. Als es wieder hell wird, sind die Tische mit Wein und Brot versehen; der Gral ist erbleicht, und wird wieder im Schrein verwahrt. Während des Gesanges, welcher die heilige Bruderliebe feiert, speisen die Ritter. Nur Amfortas fühlt sich leidender als zuvor: er muss wieder in der Sänfte fortgetragen werden; seine Wunde hat sich neu geöffnet: der Erlöser blieb noch stumm. Die Prozession schließt sich wie beim Hereinkommen ordnungsmäßig an. Unter ernsten, trüben Klängen verlässt Alles wieder den Saal: die Glocken in der Höhe verstummen: die Beleuchtung wird matter. – Parzival hat regungslos vor Staunen dagestanden: nur bei Amfortas' Klagen fuhr er einmal mit der Hand hastig nach dem Herzen. Als die Letzten hinausgehen, tritt Gurnemanz missmutig an ihn heran, rüttelt ihn: «Was stehst du da noch? Du bist doch eben nur ein Tor! dort hinaus, da besinn dich!» Er stößt ihn zu einer Seitenpforte hinaus und schlägt die Türe brummend hinter sich zu. –

II.

Kundry ist wieder verschwunden, in Todesschlaf verfallen. – Klingsor hat wieder Macht über ihre Seele gewonnen: er bedarf der Hülfe dieses wunderbarsten weiblichen Wesens, um seinen Hauptstreich auszuführen. In einem unnahbaren Verließe seiner Burg sitzt er in seiner Zauberwerkstatt: er ist der Dämon der verborgenen Sünde, das Wüten der Ohnmacht gegen die Sünde. Durch Zaubers Gewalt bannt er die Seele Kundrys zu sich; in einem finstern Höhlengrunde erscheint ihr Geist. Aus dem Zwiegespräch Beider ergibt sich folgendes Verhältnis. Kundry lebt ein unermessliches Leben unter stets wechselnden Wiedergeburten, in Folge einer uralten Verwünschung, die sie, ähnlich dem «ewigen Juden», dazu verdammt, in neuen Gestalten das Leiden der Liebesverführung über die Männer zu bringen; Erlösung, Auflösung, gänzliches Erlöschen ist ihr nur verheißen, wenn einst ein reinster, blühendster Mann ihrer machtvollsten Verführung widerstehen würde. Noch keiner hat ihr widerstanden. Nach jedem neuen, ihr endlich tief innerlichst so verhassten Siege, nach jedem neuen Falle eines Mannes, verfällt sie in Rasen; sie flüchtet dann in die Wildnisse und weiß sich der Macht ihrer Verwünschung durch die strengen Abbüßungen und Kasteiungen längere Zeit zu entziehen: doch ist ihr verwehrt, auf diesem Wege das Heil zu finden. Unbewusst steigt in ihr immer wieder die Sehnsucht auf, durch einen Mann erlöst zu werden, wie der Fluch ihr ja auch einzig diesen Weg der Erlösung anzeigt; so lässt sie die innerste Notwendigkeit stets von Neuem der Macht verfallen, die sie zur Wiedergeburt als verführerisches Weib treibt. Die Büßerin verfällt dann in einen Todesschlaf: die Verführerin erwacht, bis diese wieder nach Wahnsinnsrasen zur Büßerin wird. Da nur ein Mann sie erlösen kann, flüchtet sie als Büßerin endlich zu den Gralsrittern; hier unter ihnen müsse der Erlöser zu finden sein. Sie dient ihnen mit leidenschaftlichster Aufopferung: nie fällt in diesem Zustande ein Blick der Liebe auf sie; sie ist ganz nur dienende, verachtete Sklavin. Klingsors Zauber hat sie – entdeckt: er kennt den Fluch, und die Macht, durch die sie ihm zu Dienste gezwungen werden kann. Die furchtbare

Schmach zu rächen, die ihm von Titurel einst widerfahren, stellt er den edelsten Gralsrittern durch Verführung zum Bruch ihres Keuschheitsgelübdes nach. Was ihm Macht über Kundry, dieses auserlesenste Mittel der Verführung, gibt, ist aber nicht allein seine Zaubergewalt, mit welcher er sich der zwingenden Gewalt des auf Kundry lastenden Fluches bemächtigt: sondern in Kundrys eigenster Seele findet er die mächtigste Mithülfe. Wie nur ein Mann sie erlösen kann, sie sich dem Manne daher zu völliger Untertänigkeit zugewiesen fühlt, muss sie wieder ihre Erfahrung von der Schwäche dieser Männer zu einer wunderbaren Bitterkeit stimmen: sie fühlt, dass nur der Mann sie vernichtend erlösen könnte, der der Allgewalt ihrer weiblichen Anmut widerstehen würde; so lockt es sie aus dem tiefsten Grunde der Seele immer wieder, von Neuem die Prüfung vorzunehmen: aber hierein mischt sich zugleich ihr Hohn, ihre Verzweiflung, diesem schwachen Geschlechte unterworfen zu sein, ein auflodernder furchtbarer Hass, der sie zum Verderben der Männer stimmt, zugleich aber ihr wildes Liebessehnen auf verzehrende, furchtbar glühende Weise von Neuem immer wieder zu dem ekstatischen Krampfe aufstachelt, durch welchen sie zaubern kann, zugleich aber auch dem Zauber verfällt.

Ihr letztes Werk unter Klingsors Anleitung war die Verführung des Amfortas. Dem Zauberer war es nur daran gelegen, Amfortas in seine Macht zu bekommen: er hatte ihm dieselbe Schmach zugedacht, die er sich einst selbst in rasender Verblendung zugefügt: es war gelungen, den Hüter des Grals selbst in die Arme des wunderbar verführerischen Weibes, zu dem Kundry umgeschaffen war, zu verlocken: während er dort schwelgte, überfielen ihn die Klingsor dienstbar gewordenen Streiter, um ihn zu binden; sie durften ihn nicht töten; es gelang dem wachsamen Gurnemanz, mit Hülfe der angerufenen Gralsmacht den bereits verwundeten Amfortas zu befreien. Klingsor entging somit der Preis seines Unternehmens; glücklicher, zu ihrem Unglück, war es Kundry gelungen, von Neuem ihre Macht zu bewähren! Nach heftigem Wahnsinnstoben erwachte sie wieder als Büßerin. Aus einem Zustande in den andren bringt sie kein wirkliches Bewusstsein des Vorgefallenen: er ist ihr wie ein im tiefsten Schlaf erlebter Traum, von dem der Erwachte keine Erinnerung, sondern nur ein dunkles, ohnmächtiges, nur das tiefste Innere beherrschendes Gefühl hat. Doch blickte sie mit Trauer und Hohn zugleich auf den Verwundeten, dem sie nun als Büßerin wieder mit leidenschaftlicher Aufopferung, aber – ohne Hoffnung, ohne Achtung, diente. Jetzt gilt es nun Klingsor, Parzival in seine Macht zu bekommen. Er kennt die Weissagungen, die über dieses Wunderkind vorhanden sind. Er fürchtet, dass er berufen sein könnte, Amfortas zu erlösen und seine Stelle mit unbesieglicher Macht zu übernehmen. Gegen ihn soll nun Kundry ihre stärkste Macht üben. Kundrys von Klingsor gebannte Seele erbebt. Sie sträubt sich. Sie flucht. Furchtbare Geheimnisse. Endlich Zwiespalt in Kundrys Seele: Hoffnung auf Erlösung – durch ihre Besiegung: – dann aber wahnsinniges Verlangen nach einem letzten Liebesgenuss.

Waffengeräusch. Parzivals drohende Stimme von außen. Kundry verschwindet. «Ans Werk!» Klingsor springt auf die Mauer; er gewahrt Parzivals Kampf gegen die verzauberten Ritter. Klingsor lacht über die tölpischen Eifersüchtigen, die dem Fremden den Zugang zu ihren geliebten Teufelinnen wehren: er freut sich, da sie besiegt und von Parzival erschlagen oder verjagt werden. Er gönnt allen Gralsrittern, sich auf diese Weise unter sich umzubringen. Er begleitet mit den Blicken Parzival, der nun kindisch stolz durch das geöffnete Thor einschreitet, wie betäubt vor der Pracht des Palastes steht, jetzt nach dem Lustgarten sich wendet. «Ha! Kindischer Spross! Zu was du auch berufen sein könntest: noch bist du zu dumm, und mir verfallen. Hier wirst du lieblich enden, ewiger Herr des Grals.» Er verschwindet. –

Parzival ist in den wunderbaren Zaubergarten Klingsors eingetreten: sein Staunen über die unnennbare Anmut ist mit einem unheimlichen Gefühle der Bangigkeit, des Zagens, des Grauens vermischt. Doch soll er nicht zur Fassung kommen: Schöne Frauen stürzen einzeln, von verschiedenen Seiten, herbei; in wilder, flüchtig umgeworfener Kleidung, mit ungeordneten Haaren usw. Sie haben Waffenlärm gehört: beim Erwachen haben sie sich von ihren Geliebten verlassen gefunden; einige sind nach den Zinnen gelaufen; sie haben den Kampf angesehen und berichten den andern Frauen, dass ihre Geliebten von dem kühnen Fremdlinge bekämpft, in die Flucht geschlagen, ja gefällt worden seien. Klagen und Verwünschungen: Sie stürzen über Parzival her. Ihre Drohungen, Vorwürfe und Klagen mildern sich allmählich beim Anblicke des Helden, beim Innewerden seiner Schönheit, seiner kindischen Unbefangenheit. Einige verspotten ihn, andre fordern ihn auf, sie für die verlorenen Geliebten zu entschädigen: bald wird ihm geschmeichelt und geliebkost. Parzival gibt sich staunend, aber gänzlich unbefangen, dem, was ihm ein Kinderspiel dünkt, hin, ohne sich einen Ernst der Lage ankommen zu lassen. Bald entsteht Eifersucht und Streit unter den Frauen: einige sind beiseite, in Lauben getreten, und treten mit reizend geschmücktem Haar, zierlich geordnetem Gewand usw. wieder näher; sie werden von den andern verhöhnt, doch nachgeahmt. Das buhlerische Spiel um Parzivals Gunst artet endlich in Streit und Zank aus. Parzival verhält sich immer wie zu einem Kinderspiel: will nichts begreifen und zeigt vor Allem keinen Ernst. Die Verhöhnung wendet sich gegen ihn: Spott und Schelten will ihn endlich ärgerlich machen: er will flüchten. Da vernimmt er den lauten, liebevoll klagenden Ton einer weiblichen Stimme, die ihn beim Namen ruft. Er bleibt erschüttert stehen, glaubt den Ruf seiner Mutter zu hören, und verweilt wie festgewurzelt in großer Ergriffenheit. Die Stimme mahnt Parzival zu weilen: hier werde ihm großes Glück widerfahren: den Frauen befiehlt sie, den Jüngling zu verlassen; er sei keiner von ihnen bestimmt: ihre Geliebten seien ihnen erhalten: sie möchten zu ihnen zurückkehren und sie zum Frieden ermahnen. Zögernd gehorchen die Frauen: sie entfernen sich zaghaft von Parzival, den jede heimlich ihrem Geliebten vorzieht: schmeichelnd und sanft verlassen sie ihn und zerstreuen sich nach allen Seiten. – Parzival glaubt nun gewiss zu träumen, und blickt sich schüchtern um, woher die Stimme kam. Da gewahrt er in einer Grotte auf einem Blumenlager ein jugendliches Weib von höchster Schönheit, Kundry in neuer gänzlich unkenntlicher Gestalt. Verwundert frägt er noch fern stehend, ob sie es war, die ihn gerufen. Kundry: ob er denn nicht wisse, dass sie ihn hier seit lange erwarte? Was ihn denn hierher geführt, wenn nicht der Wunsch, sie zu finden? Parzival, wunderbar von ihr angezogen, nähert sich der Grotte. In seine Empfindung mischt sich ungeheure Bangigkeit: die heitere Unbefangenheit in seinem vorherigen Verhalten zu den schönen Frauen verlässt ihn ganz; ein tiefer Ernst kommt über ihn, ein dunkles Gefühl, dass es sich um die wichtigste Entscheidung für ihn handle. Das wunderbare

Weib weiß die zartesten Saiten seiner Empfindung durch traulich-feierliches Berühren seiner Kindererinnerungen erzittern zu machen; der Abend, der Morgen, die Nacht – die Klagen, die Liebkosungen der Mutter; die Sehnsucht der Entfernten, Verlassenen, nach dem Sohne, ihr Schmachten, Verzweifeln und Sterben. Parzival überwältigt von furchtbarer Rührung und zermalmender Wehmut, sinkt weinend zu den Füßen des schönen Weibes nieder: schreckliche Reue quält ihn. Sie beugt sich da über ihn und umschlingt sanft seinen Nacken. Tröstung und Verweis des allzu großen Schmerzes. Nicht Alles, was ihn beglücken könne, sei in der Mutterliebe enthalten gewesen: der letzte Hauch des Muttersehnens sei der Segen des ersten Kusses der Liebe. Sie hat ihr Haupt über das Seinige geneigt, und heftet nun ihre Lippen zu einem langen Kusse auf den Mund des Jünglings. Dieser fährt plötzlich mit einer Gebärde des höchsten Schreckens auf. Mit diesem Kuss ist eine furchtbare Veränderung in ihm vorgegangen: er fühlt nach seinem Herzen. Dort brennt ihn plötzlich die Wunde des Amfortas: er hört dessen Klagen aus seinem eigenen tiefsten Innern aufsteigen. «Die Wunde! Die Wunde, hier blutet sie. Jammervoller, und ich konnte dir nicht helfen!» –

Dem Schrecken und der Verwunderung des schönen Weibes antwortet er mit hinstarrender Entzücktheit: ihn fesselt nur der rätselhafte Vorgang, dessen Zeuge er in der Gralsburg war; gänzlich in Amfortas' Seele versetzt, fühlt er dessen ungeheure Leiden, seinen furchtbaren Selbstvorwurf; die unsäglichen Qualen des Liebessehnens, selbst hier, im Anblick des Wundergrales, durchleuchtet von seinen hehren Wonnen, vernichtet von der Göttlichkeit seines welterlösenden Balsams. Er ruft den Gral an, das Blut des Erlösers: er hört die göttlichen Klagen über den Fall des Auserwählten; er vernimmt den Ruf des Heilands nach Befreiung des Heiligtumes aus der Pflege befleckter Hände: und dies ungeheure Leiden erlebte er, die Qualen des Schuldbeladenen bezeugte er: zu seinem tiefsten Innern rief er laut um Erlösung, und – er blieb stumm, floh, irrte kindisch umher, verprasste seine Seele in wilden, törichten Abenteuern! Wo gibt es einen Elenden, Sündhaften, wie ihn? Wie je hoffen, Vergebung der ungeheuren Pflichtversäumnis zu finden? Vergebens sucht ihn das erstaunte, zur leidenschaftlichsten Bewunderung hingerissene Weib zu beschwichtigen. Jeden ihrer Blicke sieht, jedes ihrer Worte hört er wie aus Amfortas' Seele: so blickte die Unselige, so sprach sie, so schlang sie den Arm um seinen Nacken; so furchtbare Schmerzen musste er als Lohn davon empfinden! «Verderberin, weich' von mir.» – Wahnsinniges Liebesverlangen brennt nun in des Weibes Seele auf. «Grausamer! empfindest du nur die Schmerzen Andrer, so empfinde auch die meinigen! – In dir allein soll ich Erlösung finden, in dir allein vergehen! Dich erhärte ich während Ewigkeiten des Elends: um dich zu lieben, nur eine Stunde dein zu sein, kann einzig mich entschädigen für Qualen, wie sie noch kein Wesen litt.» – Parzival: «In Ewigkeit bist du verdammt mit mir, wollt' ich in deinen Armen nur einen Augenblick meine Sendung vergessen.» «Auch dir bin ich zum Heil gesandt: Wahnsinnige, erkennst du denn nicht, dass der Trank nur deinen Durst vermehrt: dass dein Sehnen nur durch Ungestilltsein erlischt?» Vor seiner Empfindung liegen alle Qualen des Menschenherzen offen: er empfindet sie alle und weiß, wie sie einzig zu enden. Das Weib: «So war es mein Kuss, der dich hellsichtig machte? O Thor! umfange mich nun in Liebe, so bist du heute noch Gott selbst! Nimm mich nur eine Stunde an dein Herz, und lass mich dann verdammt sein in Ewigkeit! Ich will keine Erlösung: ich will dich lieben!» Parzival: «Ich will dich lieben und erlösen, zeigest du mir zu Amfortas den Weg!» Sie rast. «Nie sollst du ihn finden! Lass den Verfallenen verderben!» Er besteht auf seiner Forderung. Sie fordert als Lohn eine Stunde Liebe von ihm. Er stößt sie zurück. Sie zerschlägt sich die Brust, ruft wahnsinnig nach Hülfe. Noch sei sie mächtig genug ihn irre zu leiten, dass er die Gralsburg nie finde: sie verwünscht die Pfade und Wege! – Klingsor erscheint auf dem Turme des Schlosses: Gewaffnete stürzen herbei: Parzival erkennt die Lanze, mit der Amfortas verwundet ward (es ist die Lanze, mit welcher einst Longinus des Heilands Schenkel durchstach, und deren sich Klingsor als werthvollstes Zaubermittel bemächtigt hatte), entreißt sie dem Ritter: «Mit diesem Zeichen bann' ich euch! Wie sich die Wunde schließe, die diese Speerspitze stach, vergehet alle hier, und in Trümmer stürzet diese Pracht!» Er schwingt die Lanze: mit einem furchtbaren Krach stürzt das Schloss zusammen, der Garten verdorrt zur Einöde. Parzival, aus der Ferne nach der schreiend zusammengebrochenen Kundry sich umblickend: «Du weißt, wo du mich wiedersehen kannst!» Er enteilt über die Trümmer. – –

III.

In Monsalvat herrscht Trauer und Zerrüttung. Amfortas ist nicht mehr dazu zu bewegen, dem Amt des Grals vorzustehen. Er will, von übermäßigen Qualen gepeinigt, seinen Tod ertrotzen: er will den Gral nicht mehr erschauen, der auch seine Wunderkraft in Trauer gehüllt zu haben scheint, da er, seit Parzivals Beisein, in immer matterer Glut nur noch leuchtete. Seit länger nun schon bleibt das heilige Gefäß in seinem

Schrein verschlossen. Alles darbt und verkommt. Die Ritter müssen sich unheilige Nahrung suchen; die Kraft schwindet ihnen; sie werden nicht mehr ausgesendet. Titurel, des Anblicks des lebenspendenden Heiligtumes verlustig, unfähig selbst noch das Amt zu verrichten, ist gestorben. Amfortas erwartet sehnlich seine eigene Auflösung. Die Ritter belagern seine Kammer; weinend und drohend bestürmen sie ihn: er weigert sich standhaft: er will sterben. – Gurnemanz, unter solchen Umständen schnell zum fast kindischen Greis gealtert, hat sich an den heiligen Quell am Ende des Waldes zurückgezogen, um dort als Einsiedler zu sterben. Kundry ist ganz neulich von ihm wieder aufgenommen worden: sie lag, wie immer, im Todesschlafe; nachdem er sie nochmals erweckt, hat er aber gegen früher eine große Veränderung an ihr wahrgenommen: als sie erwacht, ist sie nicht erstaunt, hat nicht geflucht, und hat ihn dagegen sanft und stetig bedient. Nur ist kein Wort aus ihr herauszubringen gewesen: sie scheint gänzlich die Sprache verloren zu haben. – An einem schönen Frühlingsmorgen schöpft Kundry am Quell Wasser für den alten Gurnemanz: dieser liegt im Gebet vor seiner Hütte. Da wird Parzival aus der Ferne langsam sich nähernd gewahrt: er ist in ganz schwarzer Waffenrüstung; gebeugten Hauptes, mit gesenktem Speere kommt er träumerisch heran und lässt sich auf einem Rasensitze in der Nähe des Brunnens nieder. Er hat das Visier geschlossen. Gurnemanz bemerkt ihn und spricht ihn an. Auf alle Fragen schüttelt Parzival nur traurig mit dem Haupte. Endlich wird Gurnemanz ärgerlich, und verweist ihm, hier mit geschlossenem Helm, Speer und Schild bewaffnet sich aufzuhalten. Ob er denn nicht wisse, welcher Tag heut' sei? – «Nein.» – Woher er denn komme, und ob er unter Christen gelebt habe, nicht zu wissen, dass heut' der allerheiligste Karfreitag sei? – Parzival schweigt lange. Dann öffnet er den Helm, setzt ihn vom Haupte, stößt den Speer in den Boden, legt Schild und Schwert davor nieder, senkt sich darauf kniend hin, heftet sein Auge inbrünstig auf die blutige Lanzenspitze, und betet eifrig. – Gurnemanz betrachtet ihn mit Rührung, glaubt ihn wieder zu erkennen, ruft Kundry zum Zeugen herbei. Mit ruhigem Kopfnicken bekräftigt sie, dass dies derselbe sei, der einst am See erschienen und den Schwan erlegt habe. Parzival wird befragt. Auch er erkennt den Greis; und berichtet nun, wie er lange vergebens umhergeirrt habe, um die Gralsburg wieder zu finden, wo er eine große Schuld zu büßen habe: er sei verzweifelt, den Weg je wieder zu finden; durch Büßungen jeder Art habe er sich der Gnade, auf den rechten Pfad geleitet zu werden, teilhaftig machen wollen; vergebens: seine Werke waren nicht so stark als der Zauber, der ihn in die Irre bannte! Ob ihm nun der Alte Nachricht geben könnte? Gurnemanz antwortet traurig, dass die Kunde ihn nicht erfreuen würde, und meldet nun all die trostlosen Vorgänge in Monsalvat. Parzival, von Reue gefoltert, diesen Jammer nicht längst schon gemildert zu haben, schilt seine Blindheit, seine kindische Blödigkeit, und sinkt, von Schmerz überwältigt, ohnmächtig zurück. Kundry springt herbei: sie holt in einem großen Becken Wasser: Gurnemanz verwehrt ihr: dort am Quelle selbst soll der Pilger gebadet werden: mir ahnt, er habe noch heute ein hohes Amt zu verrichten; dazu muss er gereinigt und aller Staub der langen Wanderung von ihm abgewaschen werden. Den wiedererweckten Parzival geleiten Beide sanft nach dem Quell. Parzival frägt, ob ihn der Alte zu Amfortas geleiten wolle? Gurnemanz: gewiss, wir ziehen heute gemeinschaftlich zur Burg: «Die Totenfeier Titurels, meines lieben Herrn, wird heut' begangen. Da hat Amfortas gelobt, noch einmal den Gral zu enthüllen, zur Heiligsprechung des durch seine Schuld geschiedenen Vaters.» Während dem hat Kundry Parzivals Beinschienen gelöst und badet ihm nun die Füße; er blickt ihr mit Verwunderung und Rührung zu, und bittet dann Gurnemanz, ihm auch das Haupt mit dem heiligen Wasser zu netzen: dieser segnet ihn zu dem ihm bestimmten Werke, und sprengt ihm das Haupt mit Wasser. Da bemerkt Parzival, dass Kundry ein goldenes Fläschchen aus dem Busen zieht, einen edlen Balsam daraus auf seine Füße schüttet, sie salbt, und dann mit ihren Haaren trocknet. «Salbst du die Füße, so salbe Gurnemanz auch das Haupt: denn ich werde König!» Gurnemanz nimmt, salbt ihm das Haupt und spricht den Segen. Leise, wie unvermerkt, schöpft da Parzival mit der Schale Wasser aus dem Quell, netzt damit Kundrys Haupt: «Mein erstes Amt verricht' ich so: sei getauft und glaube an den Erlöser.» – Kundry senkt das Haupt und scheint zu weinen. – Parzival blickt mit sanfter Verzückung auf Wald und Wiese. Wie doch alles so wunderbar blühe, in zarten Farben, lieblichen Formen und milden Düften zu ihm spreche! Er hat noch nie die Aue so schön gesehen. Gurnemanz: «Das ist Karfreitagszauber, Herr.» Parzival: «O des höchsten Schmerzenstages: Sollte da nicht eher die ganze Schöpfung trauern?» – Gurnemanz: «Du siehst, es ist nicht so: heut' freut sich alle unvernünftige Kreatur, zu dem Erlöser aufzublicken. Ihn selbst am Kreuze kann sie nicht gewahren: da blickt es denn zu dem erlösten Menschen auf; der fühlt sich durch das Liebesopfer Gottes heilig und rein, das merken die Blumen auf der Aue, dass der Mensch sie heut' nicht zertritt, sondern, wie Gott der Menschen sich erbarmte, heut' auch ihrer schont: nun dankt denn Alles, was blüht und bald stirbt; es ist der Unschuldstag der Natur.»

Kundry hat langsam das Haupt erhoben und blickt ernst und ruhig bittend zu Parzival auf. Parzival: «Heut' ist der große Unschuldstag: steh auf und sei selig!» – Er küsst sie auf die Stirne. – Glockengeläute annähernd: Männergesang aus der Ferne. – Gurnemanz: die Stunde ist da: Mittag, – wie damals. Folgt mir. Parzival wird von Beiden gewaffnet, nimmt den Speer feierlich, und folgt mit Kundry dem Gurnemanz. – Während der Gesang anschwillt, und die Glocken lauter tönen, wechselt die Scene wieder in allmählicher Weise, wie im ersten Akt. In den Gängen gewahrt man Züge von Rittern, in Trauergewändern. Totenklagen hallen näher. – Ein Leichenzug. – Dann Wiederankunft in dem großen Saale. Klagegesänge – von tiefen, höheren und höchsten Stimmen: der Katafalk ist vor dem Baldachin statt der Tafel aufgerichtet. Einzug der Prozession der Ritter; von der andern Seite Amfortas im Siechbett, dem Sarge Titurels nachgetragen: voran der Schrein mit dem Gral. Trübe Dämmerung. Als Alles am Platze und der Sargdeckel zurückgeschlagen wird, bricht heftiges Wehklagen aus: Amfortas erhebt sich unter dem Baldachin vom Siechbett, verzweiflungsvoll zur Anklage an die Ritter, dass sie ihn zwingen wollen, heut' noch einmal den Gralszauber zu üben; hier, beim Anblick des durch ihn getöteten Vaters! Schon sei, seitdem ihn der Gral nicht mehr neu belebt, die Wunde ihm tödlich bis an das Herz getreten. Vielleicht noch ein Tag, und auch ihm wäre der Tod gewiss! Warum diese furchtbare Grausamkeit, ihn noch einmal in das Leben zurück zu werfen? – Er weigert sich von Neuem. Man will ihn zwingen. Murren und Drohen der Ritterschaft. Amfortas: «Wahnsinnige! Womit wollt ihr mir drohen, da der Tod mir Erlösung ist?» – Da tritt Parzival hervor: «Lebe,

Amfortas, lebe in Reue und Buße. Deine Wunde schließe ich so!» Er berührt mit dem Speer Amfortas' Schenkel. Parzival fährt fort, ihm sein Leiden, seinen Fehltritt, seine innere Pein zu schildern: von Allem soll er nun erlöst sein: «Der Zauber, dem du erlagest, ist gebrochen, stark ist der Zauber des Begehrenden, doch stärker der des Entsagenden. Dank deinem Leiden: es machte mich zum Mitleidenden; danke du meiner Torheit, durch die konnt' ich zum Wissen gelangen. Ich darf des Amtes walten, ich soll es, damit du erlöset seiest!» – Amfortas, plötzlich genesen, hat den Gral aus dem Schrein gehoben: dieser leuchtet nun sofort im hellsten Glanze auf; eine Glorie breitet sich über Alle aus: Titurel erhebt sich segnend aus dem Sarge. Amfortas geleitet Parzival unter den Baldachin: – Kundry umschlingt Parzivals Füße und sinkt leise entseelt vor ihm nieder. Eine weiße Taube schwebt aus der Kuppel herab und kreist über Parzival. Amfortas huldigend vor ihm auf den Knien. –